EASY FIGHT

KYOJI HORIGUCHI

幻冬舎

EASY FIGHT

まえがきにかえて　難しく考えるな

誰に限らず、総じて日本人は頭がいいとは思うし、賢い人が多いと思う。

ただ、裏を返すと考えすぎることが多いのではないか、と思っている。

それと、大したことをしているわけではないのに、それをさもすごいことのように伝えると、ビビッて挑戦しない子が増えてしまう気がしている。

だからすぐに「僕には無理」なんて答えを出してしまう。

何をしたいのかにもよるけど、だいたい物事は全然難しくなんかない。

同じ人間なのだとしたら、他にできる人がいるなら自分にも絶対にできる。

逆にいったい何が違うのか、それを教えてほしい。

要は、自分で自分にマイナスの洗脳をかけることは今すぐヤメたほうがいい。

とくに日本人は騙《だま》されやすいというか、一部の人にしかできないことがあると思いたがるのが好きなんだろうと思う。

もしかしたら世の中には、そういう一部の人にしかできないことがあるのかもしれないけど、自分はそういう殻をぶち壊したい。

だって簡単だから。

例えば、自分は7年前、アメリカに渡った。

両親にも周りの人にも反対されたけど、それでも難しく考えずに行ってみた。

だって強くなるには、それが一番の近道だということがわかったから。


「お前じゃ無理」

これは自分が考える、親が子どもに絶対に言いすぎないようにしたほうがよい言葉のナンバーワンだと思う。

自分ごときが大そうなことを言える資格があるのかはわからないけど、いつのまにか日本はそういう教育をしてきてしまってはいないか。

なぜ自分の人生を、自分以外の人間に「無理」なんて決められなければいけないのか。

それが、たとえ親だったとしても、自分の人生を決めるのが自分でなかったら、いったい誰の人生なのか。

自分が子どもたちに言いたいことはたったひとつ。


絶対に難しく考えるな。

それが受験だろうと、就職だろうと、起業だろうと、簡単にできる。

頑張れば絶対にできる。

少なくとも子どもたちにはそう教えたほうが結果につながりやすいと思う。

それをちゃんと伝えなかったら、この先、日本の子どもたちは挑戦しない子が増えていく気がする。

もし挑戦して失敗したら、次にまた修正して挑戦すればいい。

失敗なんて成功するための階段みたいなもの。

自分はそういう基本的なことを子どもたちには伝えたい。

いや、子どもだけではなく、大人だって夢や目標があるなら、そこに向かって突き進めばいい。

その方法は至ってシンプル。

難しく考えすぎないこと。

その軸さえブレなければ、絶対にできる。

他の人にできるのだ。

自分にできないはずがない。

絶対にできる！

目次

EASY FIGHT

第1章
前夜

鉄アレイが刺さったトビラ

自分が生まれたのは群馬県高崎市。大きな観音様がある街。小さい頃のことを思い返すと、とくに幼稚園時代からずっとやりたいことをやっていたと思う。勉強なんてほとんどしたことはない。

自分はまったく覚えていないけど、両親から聞いた話では、保育園でも幼稚園でも、担任の先生や女の先生を泣かしているような問題児だったとか。言うことを全然聞かずに、やりたいことだけやっていたワルガキだったらしい。

だけど『ドラえもん』に出てくるジャイアンみたいなガキ大将的なのともまた違っていて、なんて言うのかな。ホントに自分がやりたいと思ったことしかやらないみたいな。だから他人の顔色とかそういうことはまったく気にせず、常に自分のやりたいことだけをやってきた感じだった。

２歳上には健太という兄貴がいた。兄弟ゲンカもよくしたと思うし、その頃は兄貴のほうがカラダも大きかったから自分が泣かされることも多かったけど、たとえ泣かされたとしても、向こうが泣くまでやり返す。そんなケンカが多かった。

だから兄弟ゲンカなんてその頃は３６５日、毎日していたと思う。これはいつだったか忘れたけど、腹が立った自分は、木でできたおもちゃのコマを使って、兄貴の頭を殴りつけた。材質は木材だったけど、それでも多少は先が尖《とが》っている。その時は兄貴の頭から血が出た。

他には自分が小学校の３、４年、兄貴が５、６年生の頃、近所の友だちを含めて一緒に遊んでいた時に、理由はなんだったのか忘れたけど、兄貴に対してムカついたことがあった。その時、たまたま目の前に川が流れていたから、兄貴の背中を押して川に落としてやった。兄貴がやり返そうにも、自分はそそくさと走って逃げているからそれができない。

さらに兄貴が中学生、自分が小学校の高学年になった時には、もっと衝撃的なケンカもした。

これも理由は些細なことだったと思うけど、たぶん当時、流行《はや》っていたゲーム機の取り合いか何かだったと思う。

自分を泣かした兄貴は、やり返されるのを恐れて、自身の部屋に逃げ込んだ。しかも部屋の中からトビラを押さえて、自分が部屋へ入れないようにしていた。

ふざけるなと思った自分は、その頃、親父が筋トレで使っていた鉄アレイを持ち出して、兄貴の部屋のトビラの前で、トビラが開くのを待った。小学生の自分が軽く持てるくらいの重さだから、そこまで重くはなかったけど、鉄アレイだって間違った使い方をすれば、十分凶器になることは知っている。

しばらくしたら兄貴がトビラを開けたけど、自分が鉄アレイを持っているのに気がついて、すぐにトビラを閉めやがった。

だから自分は閉められたトビラに向かって鉄アレイを投げつけた。

ドーン！

すごい音がしたと思ったら、見事に鉄アレイがトビラに刺さって、トビラに穴が開いた。たぶん兄弟ゲンカはその頃がピーク。以降、兄貴が全寮制の高校に入るまでは続いていたような気がする。

ちなみにウチの親は、トビラに穴が開いても、そこまでこっぴどく怒らなかった。ケンカに関してはノータッチ。そんな感じだった。

5歳からはじめた空手

その兄貴と一緒に、5歳からはずっと空手道場に通っていた。だから、その頃の自分の記憶はそれにまつわることが多い。

空手にしても、本格的にやっていたというよりは、とにかくヤンチャな自分の有り余っているパワーを、どこかに向けさせようと、両親が思ったからなんじゃないかな。暴れん坊の恭司くんを、多少なりとも子育てしやすいように教育するっていうような。

自分の親父も空手をやっていたから、親父と自分の空手の先生は同じ。前に親父から聞いた話では、「その空手の先生なら、ちゃんと恭司を教育できるなって思って預けた」と言っていた。

親父は18歳の時に最初の子どもが生まれて、20歳で自分が生まれた。だから親父にはなっているけど、実質、子どものようなもの。それもあって親父は「ちゃんとした大人に預けて、ちゃんと教育してもらおうと思った」と言っていた。だけど自分が最初に空手をやりはじめたのは、自分の希望というより、最初は無理やり。

やっぱり子どもだから痛かったりするのは嫌いだから、自分も最初は空手なんてやりたくなかったけど、半ば強引に入れられた感じだった。

自分の兄貴が5歳になった時に空手をはじめて、今度は自分が5歳になって少し経った時に、親父が言った。

「よし、健太を（空手道場に）送りに行くぞ」

空手道場は自分の家から車で30分ぐらい走った場所。道場に着いたら、いきなり「恭司も行ってこい」と言われた。

「嫌だ、俺行かない」

そう答えたら、蹴飛ばされて車から降ろされて、そのまま親父は車で帰ってしまった。

そしたら、もう道場に行くしかない。5歳のクソガキだからね。だからそのまま道場に行って、そこから空手生活がスタートした感じだった。

最初は嫌々やっていたけど、やらないと親父に怒られるからやるしかなかった。

ケンカにならない

小学校に上がっても、すごいヤンチャな子どもだったし、自分のやりたいことをやっていて、ホントに気に入らないヤツというか、自分の気に障ることをするヤツはみんなぶっ飛ばしていた。

親父にも「そんな（気に障るような）ヤツと遊ぶな」と言われたし、他人の親からも「堀口とは遊ぶな」とよく言われていた。だから、ちっちゃい頃から避けられていたと思う。

だけどケンカなんてほとんどしてないんじゃないかな。ホント数えるほどだから、ケンカっていうケンカではない気がする。

というのは、みんなしょっぱなでビビッちゃうと怖いというイメージがついてしまうのか、結果、誰もかかってこない。だからケンカというより一方的に「バチン！」って一発入れれば終わり、みたいな感じだった。子どものケンカなんてそんな感じじゃないのかな。

ちなみに、自分の周りは優等生が多かった。全然、悪い子はいなかったから、自分は普通に浮いていた。それがたまたまだったのかどうかはわからないけど、中学校くらいになると不良とかヤンキーみたいな、そういうヤツらもいた。でも、全然仲良くやっていたと思う。

何度も書くけど、本当に自分がやりたいことをやる。それがいいことか悪いことかはわからなくても、自分がやりたいと思ったら試さないと気が済まない。だけど、自分はやりたいことをやっていても、周りの子は「親に止められているからできない」と言い出す。それでもやりたいことがあればやればいいのに……。自分はそう思っていたし、そう思えたのは自分の親がノビノビ自由に育ててくれたおかげだと思う。あまりガミガミ言われたことはなかった。

それでも一度だけ、こっぴどく怒られたことがある。

あれは小学生の頃、好奇心でタバコを吸ってみた時だった。その頃、両親共にタバコを吸っていたことがあった。それで自分も、タバコとはいったいどんな味なのかを知りたくなった。

今思えば、肺に入れるように、深く吸っていたわけではなく、吸い方もわからないから、見様見真似でフワフワ吸っていただけ。それが親にバレて、親父にぶっ飛ばされた。その時は、思い切りゲンコツを頭に落とされた。それで、悪いことをしたんだなということがわかった。

そうやってケンカや悪さを含め、その時その時のやりたいことを単純にやり続ける。自分はそんな生活を送っていた。たぶん、中学くらいまでそんな感じだったと思う。そうやってひと通り、やりたいことを制覇した。そしたら、悪さをすることそのものがバカらしくなった。

もちろん、その頃のことを正当化する気はサラサラないけど、そういうヤンチャをした時期が他人より早かったおかげで、他の人よりも早く、「こうすると人に迷惑がかかるんだな」ということはわかったし、気づけたと思う。

そしたらもう、そんなことはやらなくなるし、いつのまにかやらかすことを卒業して、そんなことに手を出す連中は「バカなんだな」と思うようになった。

だから妙に冷めていたというか、誰ともつるんだりしていなかった。個別というのか単体というのか。そんな感じだった。

小学校の先生には、「恭司は大きくなったらすごくなるだろう」みたいなことを言われていたことはあったけど、まったく勉強はしなかったので、「やればできるんだからやりなよ」とすごく言われていたのは覚えている。

強いて言えば、もちろん体育の成績は良かった。だったら運動会になると燃える？
いや、そこはもうめんどくせーなという感じ。

他には、得意ってわけではなかったけど、好きだし、まあまあできたかなというのは図工とか。絵を描くのがうまいってわけではなく、何かを作ったりするのは面白かった。だからそれは結構やっていたかな。

全国大会で準優勝

空手の大会に初めて出たのは5歳じゃないかな。何位だったのかは忘れたけど、まあ、そこそこ良い成績だったと思う。そこら辺は親に聞かないとわからないけど、意外と練習しなくても、身体能力的には高かったから、なんだかんだで上位にはいた。意外に型とかもできて、優勝もしていたから。

今でもトロフィーやメダルは、実家に行けばめちゃめちゃある。

自分が初めて悔しい思いを経験したのは、小学校3年の時。毎回、どうしても勝てない子がいた。その相手と当たると、いつも県大会で2位だったりとか。結局、1位は取れなかった。それは悔しかった思い出がある。

自分がやっていた空手の流派には、結構、大会があって、例えば小学校の時は2、3年生だと、勝っても負けても県大会止まりの大会がめちゃくちゃあった。その流派の全国大会では、たしか2位か3位は取れたけど、1位は取れなかった。だから悔しい思いをずっと持っていた。

空手時代に一番成績が良かったのは、小学生の時、全国大会で準優勝とか3位とか。それが最高だったと思う。

それとこれ、今さら言い訳みたいになるけど、自分のやっていた空手は、伝統派と言われる、いわゆる寸止め空手。その中で自分は当時からスピードがあった。ただ、カラダも大して大きくないから、こっちの動きのほうが相手より速くて、先に自分の攻撃が当たっていたとしても、ポイントを取ってもらえないことがあった。動きが遅いほうが残像が残るから、そっちの動きを取る場合があった。そんなことを小学校の4、5年生くらいで経験していた。

その頃、テレビでヘビー級のK－1を見ていたら、当たるとバカバカと相手が倒れていく。だから、ちゃんとしたジャッジをしてくれないのであれば、寸止めじゃなく、きちんと相手を倒して、自分の勝ちになるほうがいいなと、その当時から思っていた。

そういう審判は、周りからも「全然ダメだね、あの審判」みたいに言われていたけど、自分からすると、寸止め空手は本当に強いのか。その部分は疑問を持ちながら空手をやっている感じだった。

実際、その当時から「伝統派（寸止め空手）＝弱い」と言う人もいたし、自分も微妙にその空気を感じていたから、余計に、それでも自分は強いんだと、どこかで見せたいと思っていた。

初めてボコられた同級生

中学校に上がると、自分は中1の時はサッカー部に入って、サッカーを熱中してやっていた。

自分が中2になった時、兄貴が高校に行くことになって、自分らの住んでいた群馬県から、栃木県にある作新学院に入ることになった。

作新学院に入る前には、それまで通っていた新井道場を経由して、栃木県にある「一《いち》期《ご》倶楽部《くらぶ》」という道場に入ることになって、そこの推薦で高校に入る感じだった。だけど兄貴は挨拶程度で、ほとんど練習もしないで高校に入っちゃった。

それでも、せっかくつながりもできたからって、ウチの親父が、その「一期倶楽部」

の方に会いに行った時に、練習の映像か、試合の映像なのか、それを見たらしい。そしたら、その時点で「これでは恭司は勝てないな」と思ったらしくて、実際に自分にそう言ってきた。

「お前じゃ、あのレベルには勝てない」みたいなことを。

もちろん自分も負けず嫌いだったから、「余裕でしょ、そこに行きゃあ、勝てるでしょ」みたいな感じで、一回、練習に行ってみようという話になった。

だけど実際に「一期倶楽部」に行って、同い年の道場生と組み手をしたら、ボコボコにやられてしまった。

そんなこと人生初めての経験だった。

その道場生は「一期倶楽部」を仕切っている二瓶《にへい》弘宇《ひろう》先生の息子の二瓶孔宇《こおう》だった。

自分もそこまでボコボコにされたのは初めてだったから、そこから「こいつマジ、ぶっ飛ばしてやろう」と完全に火がついた。

実際、それまで通っていた道場は、どっちかっていうと型がメインで、組み手はホントにもう30分ぐらいしかやらなかった。だから、その道場に通いながら、「一期倶楽部」にも通う生活がはじまった。

「空手を一生懸命やるからやめます。休部します」

やるとなったら徹底的に空手をやる。自分はサッカー部をやめて、空手に専念することを決めた。

本音を言うと、中学生の頃は、中学を卒業したらボクシングをやりたいなと思っていた。

その頃は、ある程度、伝統派の空手はやったから、今度は寸止めではなく、完全に殴り合える世界に行きたいなと思っていた。

当時はＫ－１のような立ち技格闘技やＰＲＩＤＥのような総合格闘技もあるにはあったけど、まだまだ軽量級の試合が少なかったし、地上波で放送されることは少なかった。まだガキだったし、今のような知識もそこまでなかったから、その時点で、カラダがそこまで大きくなくてもリングに立てる、ボクシングへ行こうと考えていたんだと思う。

山本〝ＫＩＤ〟徳郁×魔裟斗

今思うと中２の時に、ひとつの衝撃的なことがあった。

山本〝ＫＩＤ〟徳郁《のりふみ》さんが魔裟斗《まさと》さんと試合をしたのだ（２００４年大晦日、大阪ドーム）。試合を見ている時には、まだよくわかっていなかったけど、後になって、二人の体重差が結構あったのに、ＫＩＤさんはそれを承知で魔裟斗戦を望んだとか、それ以前にＫＩＤさんが本当は総合格闘技の選手なのに、魔裟斗さんが得意なＫ－１ルールで試合をしたとか、そういったことを知った感じだった。

まだ中学生だったから、よくわからずにテレビで試合を見ていたけど、その時から自分はなぜかＫＩＤさんに惹かれるものがあった。

ＫＩＤ×魔裟斗戦以外で覚えている試合は、自分は当時、ミルコ・クロコップが好きだったから、ミルコがケビン・ランデルマンに負けて（２００４年４月25日、さいたまスーパーアリーナ）、その年にリベンジした試合（２００４年大晦日、さいたまスーパーアリーナ）はよく覚えている。ミルコに関しては、自分とは体格も違うし、闘い方を参考にするというより、すごいな、強いなという、単純にそんな感覚で見ていた。

自分が格闘技を見はじめたのはＰＲＩＤＥから。その後にＤＲＥＡＭやＨＥＲＯ'Ｓができて、だんだん軽量級の総合の試合がテレビで中継されるようになった。

そうなると、完全に自分のモードは中学を卒業したら格闘家になりたいと思うようになったし、その気持ちがどんどん膨れ上がっていった。

「自分もプロになったら、そういうリングで試合がしたい！」

その話を両親に伝えたところ、「高校だけは行っとけ。せっかく作新学院の話もあるんだから」と言われてしまった。

他には二瓶親子との出会いもあったし、じゃあ空手を続けようか、せっかく推薦で高校に行けるならいっかみたいな。とにかく勉強なんてしたことがないから、普通に受験していくのは無理だと思っていたので、それならいいかと高校へは行くことにした。

それからは、ずっと「一期倶楽部」に通うことになって、最初は週２回、「一期倶楽部」に通って、そのうち「恭司も作新に行きたいのか」「はい」みたいになってからは、いつしか週３回、週４回みたいに増えていき、最終的には週６回通っていた。

その頃はまだ、群馬県の高崎市から、「一期倶楽部」のある栃木県の足利市まで、高速道路にしても半分くらいしか通っていなかったから、片道１時間ぐらいはかかったと思う。それを毎日、往復２時間かけて、親父が車で送迎してくれていた。

その頃のことを思うと、やっぱり今の自分があるのは両親のおかげなんだなあって思う。親が仕事の時間も削りながら、自分を送ってくれていたわけだから。それがなかったら、絶対に今の自分はない。

高校での寮生活と初めての彼女

高校に行くようになると、全寮制の生活が待っていた。

一軒家に空手部の8人が共同生活をする。寮では3年間、外出禁止。単純に寮と学校の行き来だけ。上下関係はそれほど厳しくなかった。ただ単に、先輩に対して敬語は使うという感じで、そこまでキツくはなかった。その分、練習は地獄のようにキツかった。

もっとキツかったのは、寮での食事。練習で疲れて、クタクタになって寮に帰るのが18時。そこから夕食を食べはじめることになるけど、疲れているからあまり食べたくない。自然とうまいとは思えなくなってくるのに育ち盛りだからなのか、大量に料理が出てきた。それを3時間以上かけて食べる。

例えば、テレビで格闘技の中継があっても、食事の時間でそれを見ることができなくなる。なんとか早めに切り上げて、テレビの前に陣取ってはみるけど、本当に食事の時間が一番苦痛だった。

空手部は男子だけだったけど、作新学院は共学の高校だった。そこまで厳しい学校ではなかったし、空手部でも彼女がいる先輩もいた。自分も1年の時には彼女がいた。ただし、ほんの一瞬というか1週間もしないうちに別れたので、それを付き合ったと言えるのかどうか。

別れた理由は、とにかく練習が忙しかったし、外出禁止だったから何もできない。ましてや遊ぶなんてことはまったくできない。強いて言えば、メールのやりとりくらいだったけど、こっちは朝も早いし、夜も早く寝てしまう。そうしないとカラダがもたなかった。

　あ、他にも理由はあった。

　寮には3年生の兄貴もいた。その時、1年生の自分は1階で生活し、2年生と3年生が2、3階で生活していた。最初は「堀口の弟、どれ？」みたいに仲良くやっていたけど、ある日、自分に彼女ができたことを、兄貴が他の先輩に話したらしくて、空手部全体にその話が広まった。そしたら空手部だけじゃなく、3年生全体に広まってしまった。

　自分は授業中でも、休み時間でもとにかく寝ていた。練習で疲れていたからだ。

　ところが、その彼女は、休み時間でも自分に近づいてくる。「かまってよ」みたいな。そこに3年の先輩が、「おう、あれが恭司の彼女か」みたいに話しているのをその子が耳にして、プレッシャーか何かで泣いてしまった。

　そもそも、なぜ付き合ったのかと言えば、最初は向こうから「付き合いたい」みたいな話があったからだ。正直に言うと、「断りづれーなー」と思っていたけど、「あ、ああ」みたいな感じでＯＫしてしまったのがそもそもの間違いだった。

　こっちとしては、断るのもかわいそうだと思って付き合ってはみたものの、みんなにいじられて、もっとかわいそうになってしまった。

そんなこともあって、お互いに時間も合わないし、もうヤメたほうがいいと判断して、付き合うのをヤメることにした。

とにかく高校の3年間は空手漬け。ずーっと空手だった。

学校でのイジメについて思うこと

自分の通っていた作新学院は、実は結構なヤンキー校だった。タバコにしても、隠れて吸っている生徒はよくいたけど、カッコだけで全然強くなかった。そんな姿を見ながら、「カッコいいと思ってんのかなー?」みたいな、そういう感じで自分は一歩引いていた。

高校には、校則に違反した、いわゆるヤンキーらしい服装をした連中もいたけど、自分はまったくそこには魅力を感じなかった。

今でも時折、イジメの問題が世間を騒がせることがあるけど、似たような話は、自分らが子どもの頃からあった。自分の場合は、周りでそういうことがあったら止めるほうだった。そんなのやって何が面白いんだ? って本気で思っていたから。

前にも触れたけど、学校での自分はだいたい一匹狼というかそんな感じだったから、

「だったら俺にしてこいよ」って感じで、自分に何かしてきたヤツをぶっ飛ばしていた。その頃から体格も大して大きくなかったけど、自分の持っていた雰囲気をどう思っていたのか、なかなか手を出してくる生徒はいなかった。

　イジメの話を聞く度に思うのは、やっぱり痛みを知らない子たちがイジメの加害者になっちゃうんじゃないかなと思う。「学校教育で暴力（体罰）は絶対に反対」と言われているけど、何かやらかして帰宅したら親父にぶん殴られるとか、そういうことを考えれば、滅多なことはできないんじゃないかなとも思う。事実、自分は漠然とそれと似たようなことを考えていたから、警察沙汰になるようなことはやらかさなかった。

　最近聞いた話では、先生が子どもに手を上げられないことを逆手にとって、先生に対して「殴ってみなよ。殴れないんだろう？」って舐《な》め腐った態度を見せる子どももいるらしいけど、そんな関係性は絶対に良くない。

　力があるから大人なわけで、だから教えられる知恵もあるはずなのに、子どもの悪知恵がそれを逆に利用してしまう。それが今の日本の教育なら、どこかで変えていかないといけないと思う。

　当たり前の話として、社会に出て法を犯したら警察に捕まって罰を受けるのに、学校では悪いことをしても警察がいないのと同じになってしまう。もし本当にそれが事実だとしたら、社会の構造と学校の構造が違っているのは、やっぱりおかしい。

少なくとも自分が学校に通っている時は、いつもニラミを利かしている先生がいて、滅多なことはできなかったし、今考えればそれが大人の役割だったんだと思う。

最近の学校教育がどうなっているのか、詳しくは知らないけど、自分が子どもの頃は、よく先生や親にも叩かれて育った。それによって痛みを知ることができたと思う。痛みを知ることができないと、やられた時の想像ができない。これだけやられると、これだけ痛いといった経験は、格闘技に限らず、人としてあってよいと思う。

例えば、自分は映画を観ないけど、グロテスクな場面が出てきて、「痛そう！」と思えるのは、それを想像できる体験をしたことがあるからじゃないかな。

もちろん、子どもの場合、叩く頻度や強さは考慮しないといけないのはわかった上で、その感覚は絶対に持っておくべきだと思う。

だから自分はある程度、子どもを叩くことは、教育の部分では必要だと思っている。

「お前じゃ絶対に無理だよ」

とにかく自分は卒業したらプロになるつもりでいたし、どうせやるなら強いほうがいいだろうと思って、立ち技も寝技もある、総合格闘技の選手になりたいと思っていた。

だけど、こっちはクソ真面目にプロでやる気でいるのに、なかには「なれるわけねーじゃん」と否定する仲間もいたから、あんまりこっちのやろうとすることを否定する場合は、お仕置きがわりに練習で痛い目に遭わせてあげたこともある。

それでも、高2から高3にかけて進学の話が出ると、親にはもちろん、担任の先生にも「自分はプロでやります」という話をしたし、空手の二瓶先生にもそう伝えていた。

もちろん、両親には最初は反対された。

それは、大学からの推薦が来ていたことが理由のひとつだった。

このままだと「大学だけは行っとけ」となって、また丸め込まれると思ったから、ここはもうちゃんと言おうと思って、親父にもそう伝えたし、親父と一緒に二瓶先生に会いに行って、自分の思いを伝えた。

そしたら最初は二瓶先生にも「大学に行けるんだから行っとけや。格闘技をやりたければ、その後でもいいんじゃないか」と言われてしまった。

この時ばかりは、誰もが口を揃えてこう言った。

「お前じゃ絶対に無理だよ」

自分としては、空手でもそれなりの結果を出していたと思っていたのに、それでも誰も賛成してくれなかった。

とくに自分は総合格闘技をやりたいと考えていたのに、「せめて立ち技のほうなら……」とやっぱり賛同は得られない。

それでも自分は、自分の持っている空手のスタイルとキックボクシングのスタイル、それから総合格闘技のスタイルを客観的に見比べて、絶対に自分ならできる！

そう思っていた。

だから賛同しない周りの声に対して、なぜそこまでできないと決めつけるのか、不思議でしかたがなかった。

そうなると、自分は余計に別の感情が湧いてきた。

「絶対になってやる！　俺を舐めるな！」

ＫＩＤさんに会う

だが、今思えば、周囲にあった反対の声は当然の話だった。

いくら自分が「プロになります」と言ったところで、そこには、なれる根拠もなければ保証もなかった。

それでも自分は早く結果を出したかったから、「いや、自分はやりたいです」と何度も伝え続けたし、具体的には「ＫＩＤさんのジムに行きます」という話をした。

自分が一度言い出したら聞かないことはみんなわかっている。

だから、最後は「おおそうか、じゃあ応援するから頑張れよ」と送り出してくれた。

実際、高校のあった栃木県から東京にあるＫＩＤさんのいるジム・ＫＲＡＺＹ ＢＥＥにも足を運んで、説明を受けた。その時は、高校の監督と一緒に行ったのだけど、その時は、ＫＩＤさんには会うことができなかった。

ただ、内弟子制度があることを知って、是非、内弟子に入りたい旨を伝えた。

その後、２度目にジムを訪ねたら、その時にはＫＩＤさんがいた。初めて生の山本ＫＩＤを見た。しかもその時、ＫＩＤさんは上半身が裸だった。

プロのカラダはすごい！

とにかくその筋肉のすごさに驚いて、自分も早くこうなりたいと思った。本当に驚いた。

しかも直接、内弟子の話を聞いたら、「いつでも来なよ」と言ってくれた。

自分は入門テストみたいなことがあるのかと思っていたから、ちょっと驚いた。いや、ちょっとどころではなかった。度肝を抜かれた。

「明日からでもいいよ」くらいの勢いでＫＩＤさんが言ってくれたからだ。

だが、実際に内弟子になってわかったのは、自分の空手の実績を評価してくれたからではなかった。

内弟子初日に思ったこと

ＫＩＤさんは来る者を拒まない。

悪い言い方をすると、誰でも入れてしまう。だから、みんな長く続かずに逃げていってしまう。自分で言ってしまうけど、唯一内弟子で逃げなかったのは、自分だけ。最終的に残ったのは自分だけだった。

自分からすれば全然厳しくはない生活だった。厳しくないし、自分は高校の環境があってからのジム生活になるから、両者を比べてもまったく不自由さを感じることはなかった。

普通は、「自由がなくてどうのこうの……」という言い訳がはじまってしまう。

自分にとっては当たり前のことだし、全然もう楽ちんだった。ジムの掃除を毎日したり、一般の会員さんに教えたり……、そんなのは全然余裕だった。

でも、それでもみんな逃げてしまう。

「根性ねえな、こいつらじゃ絶対プロになれねえだろうな」

自分からすれば、あーやっぱりな、みたいなことが続いていく感じだった。

そんな感じだから、自分が入った時もあまり雰囲気がよくはなかった。それはそうだ。

入っても、すぐに辞めていくようなヤツばかりだったから、そんな人間には当たりがキツくなる。

「なんだこいつは」

「早く掃除しろ」

自分からすれば、自分より前にいた内弟子の様子がわからないから、その部分では戸惑った。


内弟子になった初日にある先輩が玄関から入って来て、いきなり自分に「おい、靴がねえんだけど」と言った。

「いや全然わかんないっすね」

自分がそう答えたら、いきなり殴られた。

は？

こいつなんなの？

自分はその時に思った。

いつかこいつをぶっ飛ばそう！

おめーのことなんか知らねえし、おめーの弟子に入りに来たんじゃねえ！

そんな思いを胸にしまいながら入門初日は時間が過ぎていった。

第2章

UFC王座を目指す

初めてのプロ練習

「おい、スパーリングをやるからお前も入れよ」

内弟子になって１週間くらいした頃、その先輩が声をかけてくれた。

その時、初めてプロの練習でのスパーリングをすることになった。

今までやっていた寸止めの組み手だと、相手との距離が遠いし、自分の反応も素早かったので、あまり相手の打撃をもらうことはなかった。

そこで自分は、空手の組み手と同じように、終始距離を取って、自分が攻撃をする時だけ相手に近づいていく、今自分がリング上でやっていることの原型のような動き方で相手とのスパーリングを行ってみた。

実際にやってみると、自分の出入りが速いため、相手はまったく反応できなかった。

ただ、寸止めの組み手を長年やってきたから、相手への攻撃は実際には当てずに、寸前で止めて、当てずに腕を引いていた。

止める癖もあったし、先輩を相手にそんなに当てていいものか。そのさじ加減が自分にはわからなかった。

そしたらその先輩が、いきなり本気になって、自分をぶん殴ってきた。こっちは寸止めでやっているのに、相手はボコボコに自分を殴ってくる。

結局、その日のスパーリングが終わった後に、その先輩が自分に言った。

「お前もうダメだよ。そんなんだったらプロ練に来るんじゃねえよ、最初から」

その瞬間、絶対にこいつは殺す！　と思った。

「やっぱりプロは違う」

よくそんな話を聞くことがあるけど、自分の場合は最初から当てていない。

先に引いているから相手にダメージはないけど、もし寸止めでやっていなければ、お前はボコボコだよ。先に当たっているんだから……。

自分はその時あった心の声を押し殺して、なおもその先輩の声を聞き続けた。

「いいからお前はプロ練には出ねえで、半年くらい基礎からやり直せ」

そう言われても、こっちはまだ内弟子1週間のアマチュアだったから反論することもできない。

いや、だったらこれはいい機会だと思って、基礎からはじめることにした。

もちろん、その時も「うるせー！　てめえ絶対にぶっ飛ばすからな」と思いながら基礎のボクシング練習・キックの練習・柔術の練習……そんな練習を淡々とやっていたことを思い出す。

不安どころか楽しみでしかたない

内弟子時代、自分が技術的に戸惑ったことがいくつかある。

一番はそれまでやっていた寸止めの試合の癖で、当たる瞬間に拳を引いてしまうこと。総合では相手に拳を当てるというより、ぶち抜かなければいけない。ぶち抜くということは、それだけ隙ができることになる。その部分での感覚を身につけるのに少し苦労した。相手を絞めるのもそう。その感覚をどうやってカラダに叩き込むか。それが重要だった。

寝技に関しては、それまでやったことがないからホントにゼロの状態からスタートした。最初はまったく何もできなかったけど、それでも不安はなかった。いや、不安どころか楽しみでしかたがなかった。だって、それがやりたくて総合を選んだわけだから。言ってしまえば、自分なら必ずできる、という根拠のない自信があった。本当になんの不安もなかった。

なぜそう思えたか？

だって他人ができているなら、自分にできないはずがない。実際にそれを実行している人がいるなら、自分と同じ人間なのだから、自分ができないなんてあり得ない。

自分は常にそういう考え方でやってきた。そこには、まったく恐怖感もなければ、心配なことはひとつもない。

「そんなに不安なら、自分が実際にやって見せてあげるよ」

いつもそんな感じで物事に取り組んでいる。

他の人はそれを「恭司には自信があるから」と言うけど、自分から言わせてもらえば、それは自信とは言わない。

反対に聞きたいけど、なぜ他の人ができていることを、自分にはできないと考えるのか。そうやって決めつけるのか。なぜできないと思えるのか。

自分からすれば、そこに大きな疑問というか「？」を感じてしまう。

晴れてプロデビュー

とにかく内弟子になってさまざまなことを覚えながら、ようやく半年が経とうとした頃、先輩たちを含めたスパーリングをしていても、自分が相手を強く殴れている実感があった。今までと違って、普通に殴り合いができている。この頃は、自分の成長を感じることが多かった。

ちなみに、金銭的な部分の話をすると、当初は食費は個人で負担するのを条件に、月給10万円～15万円という話だった。自分からすれば悪くないどころか、割と条件がいいなと思った。

ところが、結果として最初にもらったのは5万円。

あれ？　話と違うなとは思ったけど、食費には十分だからいいかと思っていたら、翌月は３万円に下がっていた。翌月もまたさらに金額は減っていて、結局は０になってしまったから、自分の空手のスキルを1回３千円で教える許可をもらった。

結局、それで月に３、４万円は稼げることになったものの、最初の１、２年はそんな生活をしていたので、ちょっとシンドいなあとは思っていた。

自分の正式なプロデビュー戦は、２０１０年5月9日、北沢タウンホールでの「修斗２０１０年度新人王決定トーナメント・フェザー級（60キロ未満契約）２回戦（１回戦はシード）」だった。

内弟子になってから1年と少し経った頃の話になる。

相手は川名蘭輝選手。

結果は自分の判定勝利（３－０）だった。

今思うと、まったく緊張はしなかった。楽しみのほうが大きかった。倒してやる。その気持ちが大きかったから、自分でも力んでいるのがわかった。

とはいえ、応援に親はもちろん、二瓶先生をはじめ、身近な応援団がみんな来てくれる。

そういう人にいいところも見せたいし、すごい嬉しいというかワクワクした気持ちのほうが強かった。

そして内弟子生活から１年以上経った頃、多少なりともお金が稼げるようになった段階で、ＫＩＤさんに伝えたことがあった。

「自分の力で部屋も借りられるようになったので、１回（ＫＲＡＺＹ　ＢＥＥを）出ます」

それでもしばらくは所属はそのままでいたと思うし、何よりＫＩＤさんから学んだものは大きかった。

自分が試合をする意味

デビューしてから何戦かを終え、７戦目では初めての黒星（２０１２年１月８日、上田将勝戦での判定負け）を付けられた試合があった。結果は負けだったけど、自分の体力がまったく落ちていなかったから、もう終わりなのかって感じだった。試合の最後も自分がパウンドを打っていたし、自分は勝ったと思ったけど、結果は負けだった、という感じかな。

それより、勝ちはしたものの、何度も立ち上がってくる井上学戦（２０１２年７月16日）のほうが嫌だった記憶がある。

ただ、それでも自分の戦績に黒星が付いたことは、少なからずショックといえばショックだった。自分の目指していたのは、もっともっと上のはずだったのに。こんなところで負けているようじゃ、自分にはこの道は向いてねえな、と思った。

事実、自分はプロになる前から負けたら辞めようと思っていたから辞めようと思った。向いてないなら、とっとと見切りをつけて、別のことをしたほうがいい。だって向いてないんだから。

実際、辞めようと思ったし、２、３日はそんなことを考えていた。

「お前、そんなので辞めていいのか。そんなんじゃダメだろ」

その時は親が自分にそんなことを言っていたと思う。

たしかに家族も含め、自分には応援してくれている人がたくさんいるし、親の言う通り、こんなところで辞められるかって思ったら続けることができた感じだった。

この頃は金銭的に苦しい生活をしていたし、晴れてプロにはなったものの、ファイトマネーはたかが知れている。スポンサーの方とかに本気で助けてもらってもいた。

金銭的な話をすると、母親にも助けてもらっていたけど、それに関しては何も言われたことがなかった。

「頑張れ」

いつも両親は自分にそう言ってくれた。

自分が試合をすると、それが日本のどこだろうと、それが海外だろうと、必ず親は会場に来てくれた。親が試合の会場に来なかったことは一度もない。今に至るまで全部来てくれている。

そう思うと、期待を裏切れないし、親を笑顔にさせたいなと思うから、負けられないなと余計に思う。

これは誰に限らず、高校や大学の友だちだったり、身近な人たちって、時間が経つに連れて、会う機会が減っていくと思う。

その時、自分が格闘技をやっていることによって、その試合をきっかけに、みんなが集まって騒いでくれる。自分が格闘技に関わって、試合をする意味の大きなひとつはそこなんだと思っている。

ＫＩＤさんのセコンドでＵＦＣへ

２０１１年２月、ＫＩＤさんがＵＦＣ（アルティメット・ファイティング・チャンピオンシップ）と契約した最初の試合が行われた。自分もそこから何試合か、アメリカでの試合のセコンドにつかせてもらえることになった。

ちなみに、自分がＵＦＣに出ることになった時は、親父がセコンドについてくれていた。

その流れで初めてラスベガスにも足を運んだけど、これが海外か、と思ったくらいで、本音を言えば、意外としょっぺーなと思った。ラスベガスには、世界の主要都市を再現したような建物がいくつもあるけど、結局は作り物でしかないと思った。もちろん、同じピラミッドであっても、エジプトに行って本当のピラミッドを見たら、また違った感慨があるのかもしれない。

そんな中で自分が唯一、心が躍ったのは、試合がはじまってから会場中に放たれていた観客の熱気を感じた時だった。

自分もここに出たい！

そう思った。でも、それ以外はどこに行こうと心が揺さぶられたことはない。もちろん、ラスベガスでもカジノなんて一切やっていない。

「格闘技の殿堂」

そんなふうに呼ぶ人もいたけど、こっちは時差ボケでもあったし、ＫＩＤさんの試合に集中することだけを考えていた。

でも、今だから言えるのは、自分がセコンドにつくべきではなかったのかな、ということ。理由は、その当時は考え方がアマチュアというか、まだプロとしての意識がそこまで高くなかったから。戦略にしても、その後、自分がアメリカに渡って、ＡＴＴ（アメリカン・トップチーム）を拠点に活動しはじめてから、初めてプロってこういう感じなんだと学んだのであって、あの時点ではまだまだ全然ダメだったなと思っている。

もちろん自分のことだけを考えれば、ＵＦＣの会場に行ってリングサイドまで行くことで、これ以上ない刺激を受けた。

こんなにデッカい舞台でこんなに華やかで、これだけの観客がいる！　しかもこんなに盛り上がっている！

ひと言で言えば、自分はこの時点でＫＩＤさんに夢をもらった。絶対に自分もこうなりたいと強く思った。

だから、自分も今は、下の子（後輩）には夢を持たせたいなと思っている。

オクタゴンの金網リングで闘う

２０１３年９月、自分はＵＦＣと契約を交わした。

自分の場合、ＵＦＣに出ることに関しても、そこまで苦労をした記憶はない。

単純に勝ち続けていたら、向こうからお呼びがかかった。それだけ。

ただ、最初は自分も、誰かの代替選手だった。その選手が怪我か何かで出られなくなったから、そこに自分がポンと入っただけ。

最初から自分にお声がかかったわけじゃない。

もし今のＵＦＣが自分の頃と同じ基準で選手を選んでいるのであれば、基本は練習して勝つこと。どんな勝ち方だったとしても、白星だけ取っていけば、必ずオファーが来る。

単純にＵＦＣに出ることだけを考えているのであれば、それでいいと思う。だからハードルはそこまで高くない。ただただ勝ち星を上げる努力だけをすればいいわけだから。

変に考えて、面白い試合をしようなんて思わなくていい。とりあえず負けなければそれでいい。

自分はこの考え方で、比較的ポンポンとタイトル戦に向けた階段を上がっていった。

最初の試合は10月、場所はテキサス州ヒューストンのトヨタセンター。

相手はダスティン・ペイグだったかな。

たしかに見渡す限り、すべてアメリカ人だったけど、物おじするとか、そういったことはなかった。強いて言うなら、英語が全然わからない（笑）。

「は？　もう出んの？」みたいな（笑）。そんな感じだった。

ＫＩＤさんのセコンドで金網のリングに入ったことはあったけど、自分がそこで闘うのは初めてのこと。

それでも戸惑いはなかった。まったくなかった。結果から言えば、やることは一緒だなっていうのを確認しただけだった。

もちろん、違うと思ったことがないわけではなかった。とくに感じたのは技術に関して。日本でやっている技術とはちょっと違いがあるなとは思った。

翌２０１４年９月、ＵＦＣの日本大会が開催された。自分もここで試合をすることになった。

場所はさいたまスーパーアリーナ。

自分にとってはＰＲＩＤＥがここで開催されたのをテレビで見ていたから、「ああ、これがさいたまスーパーアリーナか」という感慨に近いものはたしかにあった。ただ、結局は試合に集中しているわけだから、会場や場所がどこであろうと、そんなことは関係なくなってしまう。

そんなことよりも、自分の目的は試合に勝つこと。それだけを考えていると、それ以外のことに関する実感が湧いてこない。

とはいえ、日本国内で自分が試合をすることのメリットは、日頃から応援してくれている人たちが、客席で自分の試合を応援してくれること。やはり海外の試合では、なかなか現地まで来てもらうことは難しい。

ＵＦＣ王座への初挑戦

２０１５年４月、ＵＦＣフライ級王座に挑戦した。契約体重でいうと、56・7キロ以下になる。

ここまで４連勝してきて、５戦目でついに来たか、と思っていた。

相手は王者デメトリアス・ジョンソン。場所はカナダだった。

もちろん、勝てばチャンピオンになれる。目指していたものを手に入れることができる。

それでも、自分にとってはそこまで大きなこととは考えていなかった。

結局はひとつの試合。いつもと変わらない。

結果、自分は負けた（5Ｒ4分59秒、腕ひしぎ十字固め）。

生まれて初めての一本負けだった。

悔しかった。

「お前が負けたんだよ」

そう言われているわけだから、悔しい以外には言葉が見当たらない。

デメトリアスは、引き出しが多かった。自分が打撃だけしかできない中で、自分に対応できない技を出してきた。その時点での自分にはできない、相手の反応を見て技を変える。それができたっていう感じかな。

当たり前の話だけど、負けたことは悔しいし、やられたものはやられたなと思っている。

ただ、単に自分がバカなだけかもしれないけど、あんまり終わったことを記憶に残すことをしないままきてしまった。結局、どんな結果が出たとしても、終わったことは終わったこと。もしそこで足りないものがあると思えば、修復しないといけないことは修復する。ただそれだけ。

要は、自分のプラスになることしか考えない。もちろん、あそこがダメだったな、っていうことをまったく考えないわけではないけど、それはホントに試合が終わってからちょっとだけ考えて、試行錯誤をして次に向かう。そんな感じ。

たまに「印象に残った試合は？」なんて聞かれるけど、自分にはそれがまったくない。だから自分が思うに、考えすぎると苦手意識につながるんじゃないかな。自分は全然考えない。まったくなんとも思わないし、当然、怖くもない。

なんだろうな……、やっぱバカなんすかね（笑）。

とはいえ、デメトリアスに負けたことが大きな転機になったのはたしかだろうとは思う。

結果的に自分はこの試合に負けてしまって、大きく考え方を変えないといけないと思ったわけだから。

「ああ、このままじゃこのチャンピオンにはなれないな」

「自分がデメトリアスに勝つには、それだけの引き出しを持たないと……」

実感したことはそれくらいだろうか。

その後、自分はアメリカに渡ることを決意した。

周囲にそのことを伝えると、当然のように反対された。

自分だって不安がないわけではなかった。アメリカでの生活がはじまったとしても、特別に信頼できる人がいるわけでもない。問題はひとつやふたつではなかったように思う。

一番懸念したことは、子どもの頃から慣れ親しんだ、空手の稽古ができなくなることだった。技術的なことではなく、自分にとってのリズムというか、大きな軸であることは間違いないわけだから。

米国を拠点に

だが、それでも自分は日本を離れる決心をした。

挑戦する。

それが自分が出した答えだった。

しかし、カッコよく言ってしまえば「挑戦する」になるだけで、心の中ではこう思っていた。

「行った先で考えればいいや」

「もし勝手が違いすぎるようなら、日本に戻ればいいじゃん」

もちろん、それなりの覚悟はしてアメリカに渡ったのは間違いないけど、その道が合わなければ、別の方法を探せばいいだけ。難しく考える必要はないと思っていた。実際、最初は反対していた家族や二瓶先生も、最終的には「行ってこい」と、みんな背中を押してくれた。

２０１６年１月、自分は正式に渡米した。

お世話になったのはＡＴＴ。アメリカ有数のこのジムに住み込んでの生活を許してもらうことができたのだ。

現地での生活がはじまって思ったことは、溶け込めるか溶け込めないか、なんてことは考えないこと。なぜなら、暇さえあれば黙々と練習しかしていないわけだから。だから自分の場合は、自然と周りの人が認めていた感じ、と言えばいいのかな。

きっとＡＴＴに出入りしている人たちからすれば、「こいつヤベーな。イカレているぞ」みたいな感じかもしれない。

たしかに自分はＵＦＣファイターでそこそこの実績があったから、みんなに一目置かれていた部分はあったと思う。例えばこれが、同じＵＦＣファイターでも、負け越しているような選手では絶対に入れてはもらえなかっただろうし。厳密な審査があったわけではないからその点は曖昧だけど、基本的には有望だと思われていなければＡＴＴには入れてもらえない気がする。

とにかく自分に関しては、ＡＴＴに移った時から、さまざまな点で良くしてもらったのは間違いない。

日本人選手のＡＴＴ入りについて

時折、聞かれることがある。

「もし日本の選手の中で、ＡＴＴに来たら、すんなり溶け込めそうな選手は誰でしょうか？　もしくは何人いますか？」

自分はその質問をされた時、「わからない」と答えている。

理由は、自分がそこまで日本人選手のことを把握していないから。

ただ、本音を言うと、そこまで人生を懸けている選手は、誰もいないんじゃないかな。

たしかにそこまでのレベルに達した選手が何人いるのかはわからないけど、現に、ＡＴＴに限らず、日本人選手がアメリカのジムを含めても、こっちを拠点にしながら強さを追求している話をあまり聞いたことがない。もしかしたら来たいと思っている選手はいるのかもしれないけど、そこまで温《ぬる》くはないし、きっと日本で練習していても、世界に通用するレベルに達することができると思っているに違いない。

それは各々の考え方だから否定はしないけど、少なくとも自分は、日本にいたら世界に通用するファイターになれるとは思わない。それができるなら、自分もそうしているはずだから。

ここまでが日本人選手全般に対する自分の、基本的な認識になる。

最近、日本から牛久絢太郎選手と元谷友貴選手、それから金太郎選手がＡＴＴに来た。

彼らとは、時には一緒に練習することもある。

「恭司も今までと違って、日本人がいると心強いでしょ？」

そんな声を聞くことがあるけど、自分は何も変わらない。こっちはもう何年も一人でやってきているから、日本人選手がいようといまいと、ＡＴＴの人たちとは、もうみんな仲間になっている。

ただ、彼らがいるおかげで日本語を使う頻度が増えたのは事実。だけど、それ以下でもそれ以上でもない。

実際、自分は人見知りだし、誰に対してもそこまで心を開けるようなタイプではない。だから愛犬のロイがいれば対人関係に悩まなくて済むし、最近はジェットスキーも買ったから、時間があれば一人でそれを使って気を紛らわすこともできる。

もちろん牛久選手と元谷選手、金太郎選手からすれば、自分がいることは心強いと思っているような気はするし、実際、助かっていることも多いんじゃないかと思う。

いずれにしてもプロは自己責任の世界だと思うから、ＡＴＴに来て、手応えを感じることができるかどうかも自分の力量次第になる。

自分だって彼らに対して「頑張ってね」とは思うけど、頑張るかどうかは本人次第の話。

厳しい言い方になるけど、プロである以上、誰もがいかに成果を出せるかを考えて練習を続けている。少なくとも自分はそう。

だから、自分はＡＴＴに来たことで一気に強くなれたとは思うけど、彼らがそうなるかどうかは、結局、彼らが決めた取り組みを守って、強くなっていくしかない。

強さとは何か？　プロとは何か？

２０１６年５月、ニール・シーリーと対戦した。自分がＡＴＴに移籍してから初めての試合。これは首尾よく判定で勝つことができた。

場所はアメリカではなく、オランダだった。

その次の試合は11月、相手はアリ・バガウティノフ。これも判定３－０だった。しかも今度の場所は北アイルランドだった。

「なんだまた、飛行機の移動があるのか」

せっかくアメリカに拠点を移したのに、試合会場がアメリカじゃないなんて、意味ねえじゃん、と思っていた。

ＵＦＣの場合、試合の２カ月くらい前にオファーがある。それだけの準備期間があれば調整は難しくない。もしそのオファーを断れば、次のオファーを待つだけ。

ここまでＵＦＣでは計８試合を経験した。結局、この段階ではアメリカでは１試合もしていない。

その段階で契約更改の時期になった。

自分としては、それなりに実績を挙げてきたつもりだったけど、出てきた条件は、期待したものとは違っていた。

まず金額的な査定が低かったこと。

次に、強さ以上に、人気商売なんだということがわかった。それはアメリカというお国柄なのか、地味な試合ではなく、派手な試合が好まれることがわかったという意味だ。

要は、判定でコツコツ勝つよりも、ＫＯで派手に会場を沸かせたほうが優遇される。プロとしては当たり前の話なのかもしれないけど、単に勝つだけではＵＦＣでは重宝されないことがわかった。

それと試合数に関して、自分はもう少し試合をしたいと思っていたけど、２０１６年で言えば、２試合しか組んでもらえなかった。この時、自分は26歳だったけど、自分の現役生活を考えると、一番いい時かもしれない時期に試合を組んでもらえないのはツライ。次にいつ試合が組まれるのかもわからずに練習を続けていくのは、自分にも耐え難いものがあると感じていた。

ＵＦＣがそんな契約条件を突きつけてきた理由のひとつは、似たようなタイミングでＵＦＣのオーナーが変わったこと。それもあったのかもしれない。

ただ、自分としては、このままＵＦＣでやっていくことに漠然と疑問を感じてしまった。

強さとは何か？

勝利とは何か？

プロとは何か？

改めてそんなことを考える時間が多くなっていた。自分は、いわゆるトラッシュトークと呼ばれるような、相手をディスって試合を盛り上げるようなやり方が得意ではないし、好きではない。でもこの時は、それもやらないといけないものなのか。そんなことも考えていた。

たしかにＵＦＣファイターでも、とくにコナー・マクレガー（元世界ライト級＆元世界フェザー級王者）はそれがうまいなあとは思う。

ただ、あれだけ相手をののしっても、裏では全然ペコペコしていられるマクレガーには違和感を持っていた。これはこれ、それはそれ、のように分けて考えられるのかもしれないけど、自分はそうやってキャラクターを作ることができない。というか、そのまま変える必要ないじゃん、と思っている。だから自分の性格上、それが難しい。

いろいろなことを考えた結果、自分はＵＦＣとの契約を更改せずにフリーになった、ということをアナウンスした。その段階でどこからかオファーがあるかもしれない。自分としてはそんな思いだった。

ＲＩＺＩＮからのオファーと選んだ理由

自分がフリー宣言したのと、ほぼ同じタイミングで自分の空手の師匠である二瓶先生が、癌だということを知った。

実はちょうどその頃、日本から連絡が入った。

ＲＩＺＩＮからだった。

自分の気持ちは揺れた。

再度ＵＦＣとの再契約を模索するべきか、ＲＩＺＩＮという新たな舞台を選ぶべきか……。

実はもうひとつ、Ｂｅｌｌａｔｏｒからも話をもらっていたし、金銭的な条件から言えば、Ｂｅｌｌａｔｏｒからのそれが一番待遇が良かった。

結局、自分はＲＩＺＩＮを選んだ。理由は、ＲＩＺＩＮが地上波で放送されていたことが大きかった。それであれば、日本の観客の前で闘う姿を、たとえ試合を見に来ることができなくとも、先生に見てもらうことができる。

やっぱり堀口恭司を作った方は誰かと聞かれたら、真っ先に二瓶先生の名前を答えるし、そんな先生に闘う姿を見てもらって、もちろん勝つ姿を見てもらって、先生にも頑張って病気に打ち勝ってほしい。

もちろん、日本の格闘技界を盛り上げたいとも思ったし、自分の実力があれば、絶対にそれは可能だと思った。少なくとも同じ階級の日本人選手が相手ならば、圧倒的な差を見せられる自信はあった。他には、いつ試合のオファーがあるかわからないＵＦＣに対し、ＲＩＺＩＮは年間スケジュールがある程度決まっていて、体調管理をしやすいことも、自分にとっては有利だと感じた。

そんな理由で、自分は最終的にＲＩＺＩＮを選択した。

ＲＩＺＩＮの榊原信行ＣＥＯと話したのはＡＴＴの近くにあるホテルのラウンジだっ

たかな。実際に会うのは初めてだったけど、もうその時に自分の気持ちはほぼ固まっていて、細かな話をしようということだった気がする。

それまではテレビで少しだけ見たことがある感じだったから、こういう人なんだなという人となりを確認。もっと堅い人かと思っていたけど、意外とフランクな人だった。あとは、この人がＰＲＩＤＥを立ち上げた人なんだなと思ったことは覚えている。

２０１７年４月、ＲＩＺＩＮでの初試合が、横浜アリーナで行われた。

相手は元谷友貴選手。58キロ契約の試合だった。この時のＲＩＺＩＮルールは１Ｒが10分、２Ｒが5分の２Ｒ制。５分５Ｒを闘っていたＵＦＣとは多少違ってはいたけど、自分は体力には自信があったから、とくに問題はないと思っていた。

この時に自分が思ったことは、ＵＦＣのリングに上がった時と同じ。

結局、団体が変わっても、やることは一緒だな。

そんな心境だった。

ただ、ＲＩＺＩＮはＵＦＣと違って、金網ではなく5本ロープのリング。広さはＵＦＣのほうが全然広い。

ちょっとやりづらいな。

率直に言えばそう思った。でも、こうも思った。

まあ、そのうち慣れるだろうから問題ない。

ただ、金網と違ってリングは、ロープとロープの間に隙間があるから、どうしても飛び出してしまう、自分にとってはその点が一番やりづらかった。

結果、判定で自分が勝つには勝ったものの、自分としては全然納得がいかなかった。

もちろん、二瓶先生はボロクソに怒った。いわく、「なんで倒さないんだ」と憤慨していた。

言ってしまえば、「お前バカかよ」みたいな。そんな感じの反応だった。

実際、自分としても、試合が終わった瞬間、そう言われるだろうと想定はしていたけど、その予想はズバリと当たった。

一番の理由は、減量がうまくいかなかったこと。これに尽きる。

本音を言えば、この段階では、そこまで減量について大きく考えていなかった。自分の場合、通常は65～66キロから契約体重まで落とすことになるけど、この段階での減量の仕方は、とにかく走って走って、落として落として、という感じだった。

今では比較的楽に体重を落とす方法を学んだのでそんなことはなくなったけど、この頃はまだ、楽に体重を落とす方法を知らなかった。

第3章

師匠との別れ

ＲＩＺＩＮバンタム級グランプリ

　ＲＩＺＩＮで試合をしてみて思ったことがいくつかある。

　自分がテレビで見ていたＰＲＩＤＥを思わせる演出。そこはやはりすごいと感じた。

　これはＵＦＣにないものだな。率直にそう思った。

　試合前の紹介映像にしても、見る人に見やすいものを提供していると思う。

　日本の場合、ＵＦＣと違って、賭けの対象（公営ギャンブル）になっていないから、熱狂度の質が違う。賭けの対象になっていると、やはり観客の目の色は違うと思うから。その点は、ああいった紹介映像で見る人の意識を高めているのだと思った。

　紹介映像の話をすると、実際、自分には次のようなキャッチフレーズがついていた。

「史上最強のＭａｄｅ ｉｎ ＪＡＰＡＮ」

　自分からすれば、自分を使って盛り上げてくれるなら、呼び方はお任せするし、ある程度のことは協力するつもりでいた。

　結局、７月から大晦日にかけて、61キロ契約で「バンタム級トーナメント」が開催されることになった。これは16人参加のトーナメントで、１回戦で勝ち上がった８人が、

12月29日に準々決勝、大晦日に準決勝・決勝戦を闘う方式だった。

今思えば、フライ級からバンタム級に階級を上げたことがすべてだった。減量もしやすくなったのはもちろん、自分にとっては闘いやすい体重が実は61キロだということがわかったからだ。

自分の1回戦の相手は所英男さん。場所はさいたまスーパーアリーナだった。

自分としては、所さんとの1回戦はいい人選だと思っていた。所さんの試合は、自分が高校生の頃から見ていたし、いったいどのくらい強いのか。物差しと言ったら失礼かもしれないけど、自分にとってはそれがわかる試合になると思っていた。

ただ、少し気になることがあった。

それは試合前に所さんやその関係者が、「実績が違う。勝てるわけがない」といった類の声を公開してしまったことだ。

もしかしたらそれも戦略だったのかもしれないけど、格闘技である限り、闘ってみなければ結果なんてどうなるかわからない。たとえ実績が違ったとしても、リングに上がってしまえば、いくらセコンドがついていようと、頼れるものは自分だけ。リングを降りれば実績云々は重要かもしれないけど、上がってしまえば条件は五分と五分でまったく同じだと自分は思う。

だから「勝てるわけがない」なんて最初から負けた時の言い訳のようなことを口にするのは、自分的には少し違うとは思った。もし本気でそんなことを言っているのだとしたら、闘う意味がなくなってしまう。

実際、自分は初戦でも、迎え撃つのではなく、挑む姿勢でリングに上がった。前述した通り、所さんは自分にとっては昔からテレビ越しに見ていたレジェンドの一人。だからレジェンドの重みを自分がどう感じられるのか。それもひとつのテーマだと思っていた。

試合前の予想では、所さんが組み付いてくると思っていた。結局、この時は、所さんが試合開始早々から自分がかけたプレッシャーに乗ってくれて、打撃に付き合ってくれたこともあって、開始1分49秒で勝利することができた。

ＲＩＺＩＮ的にもこの試合に期待をかけてくれたのか、メインで組んでもらったから、きちんとＫＯできて、自分の役割が果たせたと思った。

「ありがとうございました。今日はメインの仕事ができましたかね？　久しぶりにＫＯしたんで。ＲＩＺＩＮのトーナメント、優勝するので期待しててください」

試合後に自分はリングからそう言ったけど、本当に優勝する気でリングに上がっていたし、そうしないとＲＩＺＩＮは盛り上がらないと思っていた。

他にも思ったことがある。

当日のさいたまスーパーアリーナには人がたくさん入っていて、UFCよりデカい感じがしたこと。自分はUFCの日本大会でもこの会場で試合をしたけど、その時とは声援も違うなと思った。それとやっぱり日本のほうが応援団がいたりもするし、自分が勝ったら、みんなが喜んでくれる。自分はみんなの喜ぶ顔が見たい。改めてそんな思いを強くした。

自然体で「1位になる」

12月29日、さいたまスーパーアリーナ。バンタム級グランプリの準々決勝は、ガブリエル・オリベイラだった。

これに勝てば大晦日の準決勝に進み、決勝戦まで進めば、3日で3試合を行うことになる。

最近では1日に複数の試合を行う方式に賛否があるらしいけど、自分は子どもの頃から空手で1日に何試合もやってきたし、この頃は腰に爆弾を抱えていなかったから、試合数が増えれば、それだけファイトマネーをもらえるからいいじゃん、と思っていた。

わかりやすいから、あえてお金の話をするけど、ファイターなんて稼げる時に稼がないと、いつまでも稼げる職業ではない気がしている。自分が思うのは、たとえ1日に1

試合であったとしても、選手の体調が１００パーセント万全なことなんてなかなかあり得ない。トップファイターになればなるほど、必ずどこかしらに故障なり不調なりを抱えているものだから、1試合だろうと2試合だろうと、やれる時にやってしまえばいいんじゃないの？　と思う。

だから、キツいなんてまったく思わなかった。もうやることをやるって決めたらやるしかないのだから。

それと、キツいなと思った時点でやっぱ人間ってキツくなる気がする。そんな自分だから、キツいなと思うことはない。

「よっしゃ、俺が1位になろう！」

そんな感じ。みんなが自分に期待しているのもそこなんだと思っている。

「堀口が絶対に（ベルトを）取るでしょ」みたいな。

その思いを叶えるというか、絶対的なものにするには、ちゃんと実際にやって証明しないとダメ。だからそこに自分のモチベーションを持っていく感じだった。

自分の意識というより、自分を応援してくれている人たちの思いを、いかに自分が成し遂げられるか。

だから「当たり前に1位になるでしょ」と自分に言い聞かせるというより、それが当たり前なんだという意識を持つこと。強引にじゃなく、あくまで自然に、ごく当然の意識として。

実際、自分は記者会見でも「俺が当たり前に1位になるよ」みたいなことを言っていたと思う。

ちなみに3日で3試合をやった時のペース配分はまったく考えていなかった。ただ、自分の中ではイケると思った時に行く。そうでない時には無理して行かない。それだけは決めていた気がする。

結局、オリベイラには首尾よく勝って、2日後の大晦日に進むと、準決勝戦の相手はマネル・ケイプになった。

覚えていない準決勝

この試合、3Rの途中で、自分がワンツーに行った時の流れで、マネルのヘッドバットを食らって記憶がぶっ飛んだ。映像を見返すと、自分も飛び込んで行っているのでしょうがない範囲の事故だったと思う。その時はリング上でしばらく時間を置いてから、そのまま試合を再開して、肩固めで自分が勝つことができた。

「しっかり優勝します」

自分はこの時はそんなマイクアピールをしているのだけど、勝ち方も全然覚えてなかった。自分がどうやって勝ったのかもわかっていないのだから不思議なものだ。

控室に帰ってもよくわかっていない状態だったから、コーチやＲＩＺＩＮのドクターは、次の決勝戦には出られないと判断しかかっていた……らしい。

ただ、準決勝のマネル戦はその日の第１試合で行われて、決勝戦はメインの第12試合になるから、その間にはたぶん、４時間とかそのくらいの間隔で、次の出番までの時間が空いていた。

そこで、当時のマネジャーさんが、「いや、ちょっと待ってくれ、もうちょっと時間をおいてから判断してほしい」と言ってくれたらしい。

その間、セコンドについてくれたマイク・ブラウンがＡＴＴのオーナーに電話して「どうしたほうがいいかね？」みたいな相談をしたり、マネジャーさんがウチの親父に電話して、「恭司がこういう状態なんですけど、行かしたほうがいいですかね？　やめたほうがいいですかね？」みたいなやりとりをしたりもしていたそうだ。

自分は自分で、「俺、どうやって勝ったの？」って何度も何度もマイクに聞いたりしていたから、「あまりしゃべらないほうがいいんじゃないか」と言われていたらしいけど、その段階では自分の記憶がないから、そう言われても一切、よくわかっていなかったと思う。

マネル戦では目尻もカットしていて、試合後にそこも縫ったらしいけど、記憶が戻ってから、「あ、縫ったんだ」とわかったくらいだった。

その後、しばらく時間が経つにつれ、徐々に自分の記憶が戻ってきて、たぶん１、２時間くらいしたら、ほぼ普通になってきたんじゃないかな。

聞いた話では、その日は女子のワンデートーナメントや那須川天心くんのワンデートーナメントもやっていたらしいけど、まったく覚えていない。唯一覚えているのは、その日（の第９試合で）ミルコ・クロコップ×高阪剛戦があって、たしか１、２分くらいの短い時間でミルコが勝ったことくらいだと思う。

決勝戦は想定内

結局、だんだん記憶が戻ってきて、晴れて決勝戦に進めることになった。

もし、競技を運営する人たちが、どうしても早めに判断しないといけない状況にあったら、あの時は自分に記憶がないわけだから、後々になって納得がいかないとは思うだろうけど、何を言っているのかわからないまま、ドクターストップになっていたかもしれない。

記憶が戻ってきてしまえば、「いやいや、大丈夫。問題ないです」と言うし、この時も結局は、決勝戦のリングに上がる気満々で準備をしていたのだから。

要は、この時は決勝戦までの間にそれなりの時間があったから、とくに問題はなかったけど、もしすぐに出ていかないといけないような場面であれば、自分が次の試合に出ていくことはできなかった。その点で言えば、運が良かったのかもしれないけど、この時のお客さんの期待感を思えば、もし自分が出ていかなかったらガッカリした方も多かっただろう。

だから、そこはちゃんと試合ができてよかったと思う。

結局、ようやく記憶が戻った自分は、石渡伸太郎選手との決勝戦のリングに上がっていた。

今回は相手が石渡選手だっただけで、相手が誰でもやってやろう、あとはやるだけだ、と思っていた。

しかも過去に石渡選手とは拳を交えていたことがあったから、どんな選手なのか、どうやって試合を進めてくるのか。それがある程度は把握できた。自分がこう行けば、相手はこう来る。一度闘ってしまえば、そこから大きく変わることはまずないから、自分としては闘いやすい相手だったし、攻略はしやすかったと思う。

昔の印象と違う点？　いや、それはなかった気がする。そう、まったくなかったと思う。

だから最終的には想定内で勝つことができたし、自分の口にした「当たり前に１位」も果たすことができた。

振り返るとマネル戦のバッティングがすべてだったかもしれないし、あそこが勝負の分かれ目というか、山場だった。

一歩間違えば、試合を止められていたわけだから。

「よくやったな」

この時ばかりは二瓶先生も何度もそう言ってくれた。トーナメントに勝ったことで手にしたベルトを持って帰った時も「よくやったな」と言ってくれた。

自分にとってはその顔を見たくてＲＩＺＩＮに出ることを決めたわけだから、思わず嬉しくなったことを覚えている。

開始９秒での勝利と天心戦のアピール

２０１８年に入ると、５月に福岡でイアン・マッコール戦があった。

結果は開始９秒でのＫＯ勝利。これには自分も驚いた。

この時は、相手が勝手に遠い間合いから入ってきた。

これはカウントが打てちゃうな、と思ったからそこに合わせたら、バーッてパンチが入っちゃった。相手からすれば、不用意に自分の間合いに入りすぎたという感じだったのだろう。

この試合、負けたマッコールはものすごくショックを受けて「もう引退だ」と言っていたらしい。年齢を聞いたら33歳だったというけど、もし自分がその立場になったら、多少は「引退」を考えるかもしれない。そのくらい、あの秒殺負けは、相手にとっては考えることがたくさんある試合だった。

それでも、もし自分がその立場になったら、どうやったらやり返せるか。その方法を探す感じになる気がする。

とはいえ、ＵＦＣでもフライ級ではトップクラスの一人だったマッコールの実績は、自分の応援団にはわかっているから、その相手に秒殺で勝ったことで、みんなが喜んでくれた。自分としてはそれが嬉しかった。


ちなみに試合後、自分はある選手に対戦をアピールした。

「天心くん、やろうよ」

これは試合前に榊原ＣＥＯからそんな依頼があったから、「あー、わかりました、俺もやりたいんで言います」という感じで実行したものだ。

もちろん、自分は総合格闘技、天心くんはキックボクシングと、ルールは違えど、それなりに実績を持った者であれば、闘えば必ず盛り上がる。

結果的にこのアピールから約５カ月後に天心戦は実現するわけだけど、自分がそれを発想して、公にしたのは前の年の秋だったかな。

初めてこれを公にしたのは、『週刊少年チャンピオン』（２０１７年12月７日号）誌上で実現した「刃牙」シリーズを連載中の漫画家・板垣恵介先生との対談だったと思う。この際、板垣先生から「天心をどう見ていますか?」と聞かれた際に、「天心選手とキックルールでやってみるのも面白いと思います」と答えた。

だから実際に天心くんと闘う１年前から、そんなことも考えていた。

たしか自分が中学生の頃、ＫＩＤさんが魔裟斗さんとＫ－１ルールで対戦した（２００４年大晦日、大阪ドーム）のをテレビで見たことがある。だから、いつかそんなことを自分もできるようになりたいと思っていたし、天心くんが注目されていたから、自然とそういう発想になった。

この世界、やっぱり強い者同士が闘わないと盛り上がってはいかないから、盛り上げていくためにもやりたいと考えていた。

自分はキックボクシングルールに関しては、公式戦は一度も経験がなかったけど、元々は空手という打撃格闘技をやっていたわけだから、不安なんてものはまったくなかった。それと、総合格闘技には、打撃も含まれるわけだから、普段からその練習だって積んでいる。

さらに言えば、自分としては、天心戦がいつか組まれることを想定してというわけではないけど、それを想定した練習もしていた。いや、普段の練習の延長線上にそれも加えていた、と言ったほうがいいのかな。

結局、その後、天心くんとは一騎討ちをやることに落ち着くわけだけど、ＲＩＺＩＮからの話では、天心くんへの挑戦権を懸けたトーナメント戦をやって、その優勝者が天心くんに挑戦する、という話があったような気がする。

それだとそもそもの主旨（強い者同士が闘う）というのと変わってきてしまう気がしたけど、自分としてはいきなり天心くんとやるのもアリだし、いくつか経験を積んでから天心くんとやるのも面白いと思っていたから、「どっちでも大丈夫です」といった返答をしていたんじゃないかと思う。

台風に直撃された那須川天心戦

結局、自分と天心くんの試合は、9月のＲＩＺＩＮで実現した。

実はこの日の夜、関東地方に台風が直撃することがわかって、電車がストップすることになった。通常であれば、メインの試合が終わってからも電車が動いているので、お客さんはそれに乗って帰路につけばいいけど、電車が止まってしまってはそれができない。

結局、自分と天心くんの試合は、電車が止まる前に、試合順を前倒しして実施されることになった。

本来ならメイン（13試合目）だったものが第9試合に変更された。

自分はこの話を聞いて、「あ、ラッキー」と思った。

なぜかと言うと、待ち時間が短くなるから。

ＲＩＺＩＮの場合、大会の最初に行われる開会式に出てしまうと、その後は3、4時間待ちは当たり前。下手をすると自分の出番まで5時間は待つことになる。

その間はリング上で行われている試合を、控室にあるモニターで見たりもするけど、他にはとくにすることがないから、仮眠を取るなり瞑想《めいそう》するなりしながら、自分の出番を待つしかない。

待つというのが苦手な自分にとっては、まさに地獄のような時間だと思うこともある。

ただ、この待つという体験は、自分がそれだけ上のほうで試合ができることになった、という証拠でもあった。

だから、ありがたいことなのかもしれない。

いや、それでもやはり待つのが苦手なことに変わりはないけど。

例えば堀口×天心の試合も、台風が直撃して試合の順番が変わって大変だった、という具合に、リング上そのものの話とは別に、そういう背景を含めて「試合」を語る人がいる。リング上の「試合」だけを「試合」と考えるのではなく、その時の台風という状況を含めた上で「試合」を語るわけだ。

見方は人それぞれなので、好きに見ればいいと思うけど、自分はファイターだからそういうことを考えたことはない。

例えばどこどこのジェットコースターに乗るのに1時間並んだとか、人気のラーメンを食べるのに1時間待ったとか。自分からすると、そういう話はまったく信じられない。

その人からすれば、そういう前後の体験を含めて「ジェットコースター」であり「ラーメン」なんだろうけど、そういう感覚が自分にはまったくわからない。

第一、1時間以上、同じ姿勢で座っているのが苦手だから映画も観ないくらいだから。

「なんで負けたんだよ」

天心戦に関しては、いつもの試合と変わらず、距離を取りながらタイミングを図って、自分の間合いに入るくらいまで近づいて……、この繰り返しでいけば、天心くんは戸惑うだろうし、対応することはできないだろうと思っていた。それと天心くんは、自分からプレッシャーをかけている時はとくに問題はないし、そうされないようにしている。ただ、逆に相手からプレッシャーをかけられるとたじろぐというか、少しタジタジになって反応が遅れることがある。そんな場面を過去に見たから、自分はそれを意識して挑もうと思っていた。

逆に天心くん側からすれば、自分がキックボクシングルールの試合をするのは初めてだから、試合映像を確認しようにも、これまでやった総合格闘技の試合映像から想像するしかない。

結局、３分３ラウンドの試合のうち、２ラウンドが終わり、このままだと動きがないなと思ったから、最終ラウンドはこっちから相手の土俵に入ってやろうと考えた。

結果、天心くんの回転蹴りを一発食らうことになったけど、もしあのまま自分が同じ戦法を取っていたとしたら、自分が判定で勝っていた可能性が高い。

でも、そんな大して見せ場のない試合をしてもしょうがないし、そんなしょっぱい試合なんて誰も望んでいない。

自分としては負けてしまったことは悔しいけど、試合後は「よくやったね」と言ってくれる人が多かった。

ただ、親父を含め、親しい知人の大半はまったく違う反応だった。

「なんで負けたんだよ」

「お前勝てただろ、何やってるんだよ」

天心戦の後、そんな感じで散々に怒られた。それこそ「ぶっ殺せ！」じゃないけど、そのくらいの勢いで叱責された。

きっと自分もそう言われるだろうなとは想像していた。自分にとっては初めてのキックルール戦、天心くんは世界最強。だとしても同じ体重でトップを目指していることに変わりはない。だったら同じ人間である限り、勝てないわけがない。

「自分にとっては初めてのルールだったから負けました……」

そんな言い訳にならない言い訳をしているくらいなら、格闘技なんてやらないほうがいい。

いかに強くなるか。それを考え続けてここまでやってきたのだから、泣き言や言い訳をするくらいなら、次の試合を目指して、今すぐ練習をしたほうがいい。

自分が生きているのは勝負の世界であり、さまざまな人たちがいろんな評価をするプロの世界。だから、結果がよくなければ改善し、次に進む。

何があっても大げさに考えず、あくまで淡々と普通に。

改めてそれを実感したのが天心くんとの試合だった。

もちろん今度は、天心くんに総合格闘技の試合をしてもらって、自分と闘うパターンもあるだろうけど、自分はその当時、そんな話を振られたら、「瞬殺ですよ」と答えていた。

まあ、現実論で言えば瞬殺は難しいにしても、1ラウンド目の5分以内には決着がつけられると思う。それは天心くんが弱いわけじゃなく、こっちのルールに慣れていないのだからしかたがないし、そんな試合が実現しても、自分の相手にならないのは誰もがわかっているだろう。だって組んだら終わりなんだから。

たしかにゴングが鳴ってからのファーストコンタクトは打撃になる可能性はあるから、そこで天心くんが自分に勝つ可能性はあるかもしれない。だけど、自分もその道のトップである自負があるから、タックルのフェイントなり、フェイントに対応してどのパターンに反応するのか。いろいろと探りながら仕留める機会を見極めていく。

もしくは、天心くんが疲れた頃に極《き》めに行くか。いずれにしろ、自分のさじ加減だけで勝負のタイミングを決めることができると思う。

ＫＩＤさんとの別れ

天心戦まで2週間を切った9月18日、ＫＩＤさんが亡くなったと聞いた。

亡くなる少し前に、ＫＩＤさんがＳＮＳで癌に侵されていることを公表して、自分もそれを初めて知った。

ＫＩＤさんからは、いつだったか「ＡＴＴに行きたいんだよね」とメールをもらったことがあった。

その時点で、もう病気だったのかどうか、それすらよくわからないけど、自分はすぐに返信した。

「是非来てください、一緒に練習しましょう」

もう亡くなってからしばらく時間が経っているけど、今でもまったく亡くなったという感覚がない。申し訳ないけど、実感がない。

それは、やはりそこまで、しょっちゅう会っているわけではなかった、というのが大きいと思う。元気な姿しか記憶にないのだから。

振り返ると、最後にＫＩＤさんと会ったのはいつだろう……？

いや、それすら記憶にないくらい。

２０１７年の夏にあった所英男戦の後に、ジムに挨拶に行ったことがある。目的はとくになかったといえばなかったけど、本当にぶらっと立ち寄ったという感じだろうか。

そこに、たまたまＫＩＤさんがいて、立ち話程度したことがあった。話の流れで自分から「飯でも食いに行きましょう」という話を持ちかけたけど、ちょうど別件があったらしくて、それができずに終わっていた。結局、それが最後になってしまった。


「おお、恭司いいね」

ＫＩＤさんは自分が接すると、いつもそんな感じで気軽に話しかけてくれた。

自分が内弟子の頃、ＫＩＤさんはあまりジムに来ていなかった。それでも、たまに来て、「恭司、今からクラブに行くから、行くか？」みたいに誘ってくれた。

他の内弟子はヘコヘコして行っていたみたいだけど、自分だけは「すいません。明日、練習があるので行けないっす」と断ってしまった。

するとＫＩＤさんも「おおいいよ、恭司は」みたいな関係性だった。

それでも、ホントたまに、１、２回だけ一緒にクラブに行ってみたりしたことはあった。

ＫＩＤさんは普段は本当に優しい。

でも怒る時は怒るって感じかな。

自分は怒られた記憶はないけど、一度だけ、「恭司それちげーだろ」みたいな感じで言われたことはある。

理由はいったいなんだったのか。今となっては忘れてしまったけど、言われた時に、あ、初めて注意された、と思った瞬間はあったから。その時は、怒ったというより、少し強く言われたかな、くらいな感じ。普段はだいたい「恭司、もういいよ」といった雰囲気だった。

ＫＩＤさんとは、もっと何かを話しておけばよかった、と思うことはとくにない。というか、さっきも書いた通り、今も亡くなったという実感がないので、何かあれば聞いてみよう、という感じなのかもしれない。

もう一人の師匠、二瓶先生との別れ

実は、ＫＩＤさんが亡くなる２カ月くらい前になるのか。自分の空手の師匠・二瓶先生が亡くなった。

二瓶先生と最後に会ったのは帰国してすぐだった。

ＲＩＺＩＮで扇久保博正戦が組まれていたから、そのための帰国だった。

二瓶先生が入院されている病院に伺ったら、ご家族が見守っていて、それまでは動くことも話もできない状態だったらしい。でも、自分が病室に入ったら動いてくれて。嬉しかったし、なんとしても試合に勝たなきゃなって思った。

結局、二瓶先生はそれから数日後に亡くなった。

もちろん、悲しかったけど、この時ばかりはそのことを考えるとどうしてもセンシティブな気持ちになってしまうから、考えないようにして試合に集中していた。悲しむのは試合が終わってから。何が起ころうと試合は試合、それはそれ。自分はしっかり割り切って、試合に勝つことだけを考えていた。

自分は試合前に日本に帰ると、必ず地元に戻って、空手の稽古で最終調整を行ってきた。

そしてこの時も、二瓶先生の葬式の翌日から練習をしていたし、二瓶先生のご家族の協力を得ながら、いつもと同じように調整することができた。

二瓶先生の場合は、より近場で亡くなる直前までの姿を見て、日に日に細くなっていくのも目にしていたから、ＫＩＤさんの時とは違う印象を持つことになった。

昨年、アントニオ猪木さんが亡くなった（２０２２年10月１日）時も思ったけど、ホントに時が経つのは早い。猪木さんは79歳だと聞いたけど、いつのまにかそんな年齢になっていたんだなと思った。自分が親父と一緒にテレビで猪木さんの姿を見ていた時は、もう現役を終えた頃だったと思うけど、その時のイメージが残っているから、そんなに弱っていたんだなと驚いた。ＳＮＳで徐々にカラダが弱っていっていることはなんとなく知ってはいたから、いつかはそういう時も来るのかな、と思っていないわけではなかったけど、それでも時が経つのは早い。

二瓶先生が亡くなったことも合わせて話すなら、自分はすべてカタチあるものは壊れていくと思っている。それが自然の摂理だから。

ただ、悲しいことや苦しいことを含め、決してプラスではない感情や思考が自分の脳裏を駆け巡った時は、「これ、今考えてもしょうがねえか」となってパッと切り替えることにしている。たとえそんな感情が湧き上がっても、ある程度のところで引き離す。

そういう自分を見ながら、周囲の人に「お前はロボットだ」と言われることがあるけど、その考え方は、決して今にはじまったことではなく、昔からそうだった気がする。

第4章

日本人初の二冠王

ＲＩＺＩＮバンタム級王座を獲得

２０１８年の大晦日、自分はリングでダリオン・コールドウェルと対戦することになった。

コールドウェルはＢｅｌｌａｔｏｒのバンタム級王者。

試合はＲＩＺＩＮバンタム級王座決定戦として行われることになった。勝てば初代王者になるという試合だ。

その年の大晦日の相手がコールドウェルで、ＲＩＺＩＮのバンタム級タイトルを懸けての試合になることを聞いたのは、２カ月くらい前だろうか。

自分としては望むところというか、「おーやったろう！」みたいな心境だった。

それまでは、どうしても日本人選手が相手になることが少なくなかった。

それが嫌というわけではないけど、それだと、どうしても自分が迎え撃つ立場になってしまう。

その点、コールドウェルが相手となれば、自分が挑戦者というか、挑む感覚になることができる。

自分にとってはそれがたまらなく嬉しい。やはり何事に対しても挑戦している意識でいたい。

だからこそ、「やったろう！」と思えたのだ。

結果から言えば、3ラウンド1分13秒、フロントチョークで自分が勝つことができた。

試合前のプランはというと、過去にコールドウェルがフロントチョークで一度だけ負けたことがあったから、自分のセコンドにつくマイク・ブラウンとも、最初からチョークは狙えたら狙うという話もしていた。ただ、同時にフロントチョークは自分が下になるリスクもあるから、狙いすぎるな、という話もしていた。

だけど、そういう話より、コールドウェルはまずカラダがデカくて、その体格を活かした力強さがあった。たぶん自分より10センチは身長が高かったんじゃないかな。リーチも自分より全然長かった。

あとは、相手がフリースタイルのレスリング出身だったので、寝かせにくるだろうという想定はしていた。

寝技になった場合でも、チョークに入るパターンを練習しつつ、もちろんタックルのディフェンスも練習して、打撃の練習もして……。そんな感じで組み立てようと話をしていた。だからフィニッシュになったフロントチョークも狙い通りに極まった感じになる。

唯一、気をつけなければいけなかったのは、あのレベルになると、必ず得意なパターンを持っているから、それに入られると、自分からすればやっかいな展開になってしまう。そのため、そういう危険な部分にいかに持ち込まれないようにするか。そこを考えながらリングに立っていた。

他には試合時間が進むほど、コールドウェルがガス欠していくこともわかっていた。ただ、自分は１、２ラウンドともにテイクダウンさせられて、相手に取られていると思っていたから、３ラウンドは自分から行かなきゃと思っていたし、判定に持ち込ませずに、３ラウンドで試合を決めなければ、とも考えていた。

結果的にはキッチリと勝てたことで、自分はＲＩＺＩＮバンタム級初代王者になることができたけど、自分としては、ＲＩＺＩＮという日本の団体のベルトを海外に持っていかれることは避けたかったから、その点は無事に勝ててホッとした。そう、自分の場合はベルトを取ってどうこう、という意識はあまり感じたことはない。ただ、試合に勝つこと。そしてそれを自分たちの仲間が喜んでくれること。そこにこそ、価値があると思っている。

結局、年が明けてから、向こうの団体でリターンマッチをすることになるのだけど、それはもうこの段階でもそう思っていたし、たしかこの日の試合後のインタビューでも、そんな話をしていると思う。

メイウェザー戦が実現したら

自分がＲＩＺＩＮバンタム級王座を獲得した直後の試合で、天心くんがフロイド・メイウェザーと闘った。

メイウェザーはプロボクシングでは前人未到の5階級制覇を果たしている、文字通り〝伝説の男〟と呼ばれるボクサーだ。

ただ、天心くんとの試合は、体重差が実際には10キロ以上はあったし、ルールも天心くんの得意なキックを一切認めない、メイウェザーが得意とするボクシングルール（※名目上はＲＩＺＩＮスタンディングバウト）。

どう考えてもメイウェザーが負けることはあり得ない試合だった。

たしかに天心くんとの試合は、公式戦の記録には残らない、エキシビションマッチだったから勝敗を論じるのはおかしいという声もあるのかもしれない。

実際、メイウェザー×天心戦は、天心くんの惨敗で終わった。それでも3発だったかな。天心くんのパンチが入っていたし、少しメイウェザーの目の色が変わっていたから、なあなあのエキシビションマッチにはならなかった。

ただ、この試合が決まってからメイウェザーがかなり好き勝手なことをしていたのは気になったけど。

自分が持っているメイウェザーの印象は、世界戦を何度か映像で見たくらいだけど、基本的には判定勝ちを重ねて実績を挙げてきた選手。だから決して面白い試合をする選手、という感じではない。

それでも、同じ時代に生まれた〝伝説の男〟なら、手合わせをしてみたい気持ちがないわけではない。

どんな拳をしているのか、どの程度のスピードで、テクニックはどんなものを持っているのか。

それと、自分はまったく知らなかったけど、天心くんとの試合は、もしメイウェザーにキックを当てたら5億円なんてペナルティ（違約金）が設定されていたらしい。

そこまでして自分の商品価値を傷つけたくないのか。

それも逆にすごいなとも思うけど、もし自分がメイウェザーと、天心くんが闘った時のルールで試合を組まれたら、自分はタックルを出しているかもしれない。

もちろん、違約金なんてのは困るけど、記憶がぶっ飛んでいたら、自分の意識とは別にカラダが勝手に反応してしまうかもしれない。

実際、自分はマネル・ケイプ戦では記憶が曖昧な状態のままで試合を続けて、肩固めで勝っている。

だからもし、メイウェザーが相手だとしても、同じことをやっている可能性は否定できないというか、あり得ると思う。

メイウェザーのパンチをまともに食らって記憶が飛んでしまったら、自分がどんな動きをするのかなんて、自分にもまったくわからない。

難しい問題を解くための考え方――円周率は「１」

例えば自分が数学に精通している人間だったとして、「いまだに割り切れていない円周率を解き明かしてほしい」と誰かに依頼されたとする。そこに自分は挑戦するのか、そんなことは意味がないとスルーするのか。

これは考え方の話なので、実際にどうするのかはその場になってみないとわからないけど、自分だったら、まず「やらない」という選択をするのがひとつ。それは、そんな面倒なことをやるよりも、他に円周率を解く方法があるかもしれないから、やらずに別の方向から考えてみる。

もしくは、「円周率？　３・１４……だって。なんでそんなに細かいんだ？　そんな割り切れない数字なんていらないだろう。だったら今日から円周率は『１』に決める。話はそれからだ」という考え方をしてみる。

要するに、自分だったら、難しい問題には挑戦するけど、まずは自己解決をする。自分が思う正解を正解にしてしまう。そこからはじめて、最終的にその問題を解いていく方法をとる気がする。

とくに総合格闘技の場合、一人の相手に勝つ方法は、結構なパターンで存在するから、正解はひとつではないことになる。

だから、この選手ならＡと決めて、ＡがダメならＢというふうに、いろんなパターンで考えていく。だから円周率が相手でも、「1」なら「1」、「Ａ」なら「Ａ」と決めてから、違ったら修正するように進めていく必要があると思う。

それと下手に小数点なんて付け加えると、自分で問題を難しくしてしまう場合がある。だったら「1」と決めて、そこに向かって進めばいいから、何も細かい作業なんていらないよね、という考えをする方法を自分はとっている。

自分の考え方は、もしも相手が「2」を出してきたら、こっちは「2・1」を出すんじゃなく、「3」を出すようにすれば勝てる、という考え方。要は、よりシンプルに進めていく。

リング上で試合をするということは、1対1。これが陸上競技のように、タイムを競うとなればまた話は変わってくるだろうけど、自分のやっている試合は、毎回、対戦相手がいる。

だったら、自分が相手よりどの部分で優っているか、そこを出せば勝利に近づけるし、裏を返せば、相手の得意な部分を出させないように徹底する場合もある。その選択を間違えると勝てなくなるし、間違わなければ勝利が手に入る。

自分の考えはそんな感じだけど、なぜか勝てない選手は、単純に考えられていない場合が多い気がする。自分からすると、それが不思議でしょうがない。

ニュアンスでしか伝えられないけど、「これだからこう、これだからこう」と考えるのではなく、単純に「これをやれば取れるじゃん」「これをやれば勝てるじゃん」「これをやれば当たるじゃん」と、単純明快に考える。

これはファイターでもそうだし、ファンの人でもそうだと思うけど、とくにＳＮＳ上だと、常に人の文句ばかりを言っている人を目にすることがあると思う。なぜそうやって文句を言っているのか。まったく自分にはわからない。

それはよほど他人のことがうらやましいと思っているということなのか。だったら、もう少しプラスに考えたらいいのに、とは思う。

仮の話、ネガティブなことを思いついたとしても、どうすればプラスに考えられるのか。それを考え続けていれば、必ず方法が見つかるはずなのに、常にマイナスに考えていく人がいる。

雨が降ったら気が滅入ると考えるのか、雨が止んだら虹が見えるかもしれない、と考えるのか。

女の子に振られてツラいと考えるのか、次はもっと好みの女性と付き合えるかもしれない、と考えるのか。

たったそれだけでかなり物事が違ったものに見えてくると思う。

女の子の話が出たので、ついでに話すと、もし女性に告白するとしても、いきなり「付き合って」というパターンはたしかにあるだろうけど、そこに行き着くには、まず関係を築くことが大切になってくる。相手からどれだけ信用を得られるか。それがない段階で一か八かで攻撃を仕掛けても、カウンターを食らうのは目に見えている。それはタイミングとかそれ以前の話になる。

自分はアホなので、いつもそうやって、どうすればプラスに持っていけるのかを考えている。

異変

年が明け、２０１９年になった。

自分にとって、２０１９年は大きな転機の年になった。

４月にはＲＩＺＩＮバンタム級王者になって最初の試合が組まれた。

相手はベン・ウィン。

今思えば、この頃から時折、自分の体調に異変を感じていた。些細な異変を感じたのは年末にあったコールドウェル戦の前だったと思う。それが徐々に広がって、この頃は腰がずっと痛くて左足首が上がらなくなっていた。

理由はおそらく腰の痛みがあって、神経が圧迫されたのか、つま先が上がらない状態だった。

そういう目で試合映像を見れば気づく場面があるかもしれないけど、この試合は自分が焦って倒しに行っているし、自分から変なパンチを打ってよろめく場面もあった。もうその段階で足が動かなかったからだ。

もちろん、原因はそれまでの金属疲労的なものによるものだとは思うけど、たしかに死ぬほど練習をしていた自覚はあったから、それはカラダも壊すよな、と自分でも思っていた。

そんな状態ではあったものの、自分にはやらなければいけない大仕事が残っていた。

年末に闘った、ダリオン・コールドウェルとの再戦がそれだった。

しかも今度は、ＲＩＺＩＮ王者として、彼の持つＢｅｌｌａｔｏｒのバンタム級王座に挑戦する試合だった。

6月14日（日本時間15日）、自分はニューヨークにいた。

コールドウェルとの再戦は、ニューヨークにあるMSG（マディソン・スクエア・ガーデン）で行われることになったからだ。

ここは過去にさまざまな格闘技の名勝負が行われた場所として知られている。

そして、自分にとっては初めてとなるアメリカでの試合だった。

ただ、これは前にも書いた通り、自分には、そういう〝場所〟に対するこだわりはない。

というか日本人は、どこだからどう、とかそういうことを考えすぎな気がしている。

自分にとっては「だから何？」という感覚でしかない。

場所だけに限らない。相手が名前がある選手だから、有名なお店だから、高価なダイヤモンドだから……。

自分にはその感覚がよくわからない。

無感情

少し格闘技から話がハズレるけど、例えば、旅行でハワイに行こうと思ったとする。そしたら「ハワイか、楽しみだな」と思うし、その気持ちのまま飛行機に乗ったりする。ただ、いざハワイに着くと、最初は「ハワイに着いたか！」と思うかもしれないけど、次の瞬間、「別に他と変わらねえな」みたいな感情が自分に湧いてくる。冷めた感情が湧き上がってくる感じといえばいいのか。

最近は、趣味の釣りで行きたい場所が出てきたから、現地で釣りができれば楽しめるかもしれないけど、そういったことがなければ、たとえ目的地に着いても、そこまで大きな感動はないような気もする。

食べ物でもそう。人から「あの◯◯はうまい」と言われてそれが目の前に出されたら、「ああ、これが噂の◯◯か」とは思うだろうけど、実際に口にしたとしたら、うまいと思うのは一瞬で、あとは「まあ、こんなものか」と思う。

物騒な言い方をすれば、心が死んでいる、というか。たまに友だちにも言われることがあるけど、「恭司はあんまり感情がないよな」って。自分でもすごく冷血というか冷めているなと思うことがある。

自分がこんな調子だから、自分の周りにも似たような人が集まってくる。

例えば、自分の試合のセコンドについてもらっているマイク・ブラウンとは、一緒に鎌倉に行ったことがある。

それも観光といえば観光に入るのかもしれないけど、その時は自分が試合前の減量中で、オーバーワークにならないように、適度に休みを取りながら練習をしていて、ちょうど一日、空いていた日があったから、気分転換も兼ねて行くことになった。

彼は自分の試合のことを一番に考えてくれていて、自分と一緒に勝負をしに日本に来ているから、とくに鎌倉に興味があるわけではない。

あくまで目的は気分転換。

もちろん、その先の目標は自分が試合に勝つこと。そこは絶対に間違わない。

ちなみに、彼が唯一、東京で行ってみたいと言っていたのは、もう閉店してしまったらしいけど、新宿の歌舞伎町にあった「ロボットレストラン」だった。

そこは、自分には興味がない場所だったから、自分は行かず、マネジャーが連れていってくれた。

だから自分の周りにいる人たちは、基本的には観光気分にはなれないし、目的と目標を履き違えるようなことはしない。

他には、例えば自分はＵＦＣのタイトル戦で負けて「アメリカに行く」と決めた。そしたら誰がなんと言おうと、行くことだけを考える。「行かない選択をしたら、こうなるだろうな」なんてことは考えない。自分がこうだと思ったら、もうそれだけ。それ以上でもそれ以下でもない。言ってみれば頑固なのだろうし、自分の判断に絶対的自信を持っている。

自分がそう考えるようになったのは、今にはじまったことではない。

もし、それが自分にはコントロールができない犬や猫のような動物が相手だったら、過度な期待をせずに愛情をかける。家族にしても同じ。極端なことをいえば、それ以外はどうでもいい。

自分にとって必要ならとことん集中してテイクケアするけど、必要だと思わなければ、好きにやればと思う。

たとえ誰かが地方から自分を訪ねてきたとして、食事をする際には地元の名産をご馳走する場合があるかもしれない。でも自分はそれより、自分がうまいと思うものを紹介する。

名産といわれるのは周りの評価であって、自分がそれをうまいと思わなければ、少なくとも自分は人にはすすめない。あくまで判断基準は自分にあると思う。他者評価ではなく、自己評価を優先しながらやってきた。

自己評価、つまり自分の評価が絶対だと信じている。

自分を信じる方法

話を戻すと、とくに試合に関しては、場所がどこだろうと、相手が誰だろうと、いかに物おじせずに自分を信じてベストパフォーマンスを出せるか。それ以外は何もいらないはずなのに、いろんなことを難しく考えすぎてしまう人がいる。

もしかしたらそれが日本人らしさのひとつなのかもしれないけど、そういう決めつけはよくないことだと思う。

どんな場所だろうと、実績が違っていようと、いざリングに立ってしまえば、結果が出るまではどうなるかわからない。

これがライオンだの、ゴリラだの、恐竜だの、闘う相手が人間でなければ、自分の考えも変わってくるかもしれないけど、同じ人間である限り、いったい何が違うのか。

もちろん、相手の研究はするし、相手の弱点は見つける。それがより具体的になっていれば、必ず勝つことができる。

必要なのはビビることでもないし、相手を過大評価することでもない。

自分のベストパフォーマンスを出すこと。

自分を信じて勝利を手に入れること。

そのために練習し、研究し、努力すること。

最終的に舞台に上がって、相手と相対するのは他の誰でもなく、自分でしかない。誰に何を言われようと、自分が信じられなかったら何もできない。

そんな考え方の積み重ねで、今の自分があると思っている。


例えば、自分は趣味で釣りをやっている。

完全な趣味なので、楽しんでやっているだけだけど、もし釣りの世界チャンピオンと、１時間に何匹の魚が釣れるか、勝負をしたとする。

その場合でも、自分はいかに自分のベストパフォーマンスが出せるかしか考えない。

結果、自分が10匹なのに、相手が１００匹の魚を釣ったとしたら、そこで初めて自分は相手に対し「本当にうまいんだな」と実感するだろう。

そして、その結果が出たら、どうやったら、まず１時間に50匹の魚が釣れるか、どうやったら世界チャンピオンに勝てるのか。それを必死で考えて実践していく。

要は、相手が誰であっても同じ人間なのだから、いくら相手が上にいようと必ず追いつけるし追い越せる。

相手に足が４本あって、手が３本あるとか、自分とあきらかな違いがあれば考えもまた変わってくるかもしれないけど、同じ人間だったら、やってみないとわからない。

自分は格闘技のことしかよくわからないけど、自分が知る限り、それがどのジャンルであったとしても、自分に自信を持っている人は強い。

「自信」とは読んで字の如く、自分を信じることだけど、それは他人の評価を信じるのではなく、自分の評価をどれだけ信じることができるのか。それを指すのだと思っている。

史上初の二冠王

ニューヨークのＭＳＧで行われたダリオン・コールドウェルとの再戦は、５Ｒをフルに闘って、判定で自分が勝利した。

結果的に判定で勝つカタチになったけど、この試合は最初から飛ばさずに最終ラウンドで勝負しようと思っていた。

年末に彼と拳を交えてみて、減量がツラくてそこまで体力があるとは思えなかったし、そこまでスタミナがないことはわかったから、たぶん１Ｒから飛ばしてくることは予想ができた。そこで自分はそれを凌《しの》いで、スタミナを削りながら後半に向けてペースを上げて、最終ラウンドで勝負に出ようという作戦を立てた。レスリング系の選手だけど、意外と柔術系の動きには反応しなかったりとか、そういう部分の対処法には注意が必要だったが、そこまで用心しなくてもイケると思っていたから。

結果的には勝つことができたので良しとはするけど、見ている人たちに楽しんでもらえるようなものにできなかったことが悔しい試合だった。

ともあれ、これで自分は、ＲＩＺＩＮバンタム級王座と合わせ、二冠王になることができた。

どうやら日本人としては、過去にない実績を手に入れることができたらしい。そう言われれば、素直に嬉しいとは思うけど、そんな言い方をしてしまうのは、自分がベルトや王座に対して、あまり興味がないからだ。

ただ、２０２２年にＢｅｌｌａｔｏｒで開催されたバンタム級のトーナメントにも自分は参戦したけど、自分が3、4キロ程度、減量すればいいのに対し、多くの選手は、前日の計量を終えると、リカバリーで平気で10キロも体重が戻ってしまうことがある。

そうでなくとも自分はそこまでカラダが大きいほうじゃないから、試合当日の体格差は見た目でもよくわかるくらいになる。

時系列を考えると、この試合から3年以上の時間は要するとはいえ、自分が元々闘っていた階級であるフライ級を視野に入れるようになっていったのは、二冠王になったからこそ、逆にこの階級の選手たちに自分が狙われる対象になってしまったのが原因かもしれない。

とにかく、どんなカタチであれ、勝てば許されることはあっても、負ければ、いかに僅差だろうと、何も許してもらえないのが勝負の世界。そこに身を置く自分は、常にその振り幅と闘っているし、その世界で生きていることに充実感を持っている。

ちなみに自分の場合、二冠王になったとしても、豪遊するわけでもなく、遊びまくるわけでもなく。以前と何も変わらずに、今まで通りの生活を淡々とこなす。そんな代わり映えのない日常を過ごしていた。

一度は断った朝倉海戦と敗戦の理由

６月に入ってからだったか、８月のＲＩＺＩＮで朝倉海くんと闘ってほしいとのオファーがあった。

実はこの時、最初はこのオファーを断っていた。基本、自分は試合のオファーを断ったことはない。

ただ、この時はもうかなりヒザがガタガタだったし、マイク・ブラウンにも「ヤメたほうがいい」と言われていた。

他にもカラダのあちこちに金属疲労的な疲れが溜まっていたから断りを入れた。

自分が試合を断ったのは、この時が初めてだったと思う。

実は格闘技界には、試合のオファーを受ける際、対戦相手に関して「美味しい・美味しくない」という言い方をする人がいる。

簡単に説明すると、自分より実績があって、知名度のある相手とのオファーなら「美味しい」、そうでなければ「美味しくない」になる。

その考え方はわからないでもないけど、その思考で行くなら、自分がＲＩＺＩＮに来てからのオファーにはどれだけ「美味しい」オファーがあっただろうか。

もちろん、自分だって相手を選べるなら選びたい気持ちがないわけではない。

しかし、少なくともＲＩＺＩＮでのオファーに対して、自分は一度も「ＮＯ」と言ったことはない。

第一、相手を選ぶなんてダサいと思ってしまう。

結局、この時も、自分が出ないとスポンサーがつかないとか言われた気がするし、要はどうしても出てほしいという依頼があって出ることになった。

そんな調子だから、ハッキリ言ってほとんど練習らしい練習はすることができずに当日を迎えているし、気分が乗らなかったことも事実である。

戦略らしい戦略も立てていなかったし、とにかくいつも通りにやれば普通に勝てるだろうと、自分も含め、周りもそう考えていた。

早めに仕留めようと思ったし、短期決戦で勝ちを急いだ結果、いつもよりも単調な動きをしていたのかもしれない。

結果、自分は負けた。

本来であれば、受けていない試合なので、自分の体調管理が悪かった。

負けた理由はそれだけ。すべて自分に問題があった。

試合後のコメントも途切れ途切れに答えた感じだったし、ボーッとしていた。自分が負けたこともよくわかっていない感じといえばいいのだろうか。

試合後は両親を含め、いろんな人から連絡があった。

一様にみんな悲しんでいることを知り、申し訳ない気持ちが湧いてきた。

それでも、終わったことは終わったこと。気持ちを切り替えて次に進めばいいだけ。自分はそう思っていた。

全治10カ月

アメリカに戻った自分は、また通常通りの練習をはじめようとしていた。練習再開初日、軽いスパーリングをしてみたら、軽く相手に体重をかけられただけでヒザがガクッとハズレてしまった。おかしいなと思いながら、翌日またスパーリングをやったら、ステップを踏んでいるだけでヒザがガクッとハズレてしまって、これはダメだなという話になった。

すぐにマイク・ブラウンに話したら、「ちょっと病院に行こうか」という話になって、付き添ってもらって病院へ行き、医師に診察を受けた。

結果は、ＡＣＬ（前十字靭帯）を断裂していて、すぐ手術が必要だという。

自分はそれを聞いて、こう思った。

「おっしゃー！　これで休める」

もちろん、ショックがまったくなかったのかと言えば、そういうわけではない。

自分が休むことになったら、ＲＩＺＩＮを含め、自分の力を必要としていた人たちには想定外かもしれない。

それでも、自分は起こったことをマイナスには考えない。

「まあいいや。せっかくだから毎日、釣りをしよう」みたいな。そういう感じで捉えていた。

この段階で下された診断は、たしか全治10カ月だったと思う。

普通に考えたら、リハビリを含めるとリングに立てるまでに1年はかかってしまうかもしれない。

でも、診断結果をどう解釈するのかはその人にもよるし、自分の周りでも、意外と早く試合をやっている人もいたから、そこまでかからないだろうと思っていた。

何より、この段階では急いでもしかたがない。急げば、また別のところに不具合が起きるかもしれないし、また同じ箇所を切ってしまうことも考えられる。

まあ、しっかり休んでも1年は休めるのだとしたら、それだけの時間があったことなんて、自分の人生では初めてだ。

せっかくの休みは楽しむしかない。

実を言うと、手術明けに1カ所だけ、傷口が全然塞がらなかった部分があった。だから、そこに傷をケアする製品を貼ってみた。

ところが、本来なら自分のような深い傷を負った人間には使用不可だったらしい。注意書きにもそう書いてあったらしいけど、自分はそれを知らずに使ってしまったことで、余計に穴が開く結果になってしまった。

そしたら、入らなくてもいい雑菌やバイ菌が入ってしまい、そこまでは順調に治っていたのを、止めてしまったことがあった。

今思えば、自分も少し焦っていたのかもしれないけど、それだけは失敗と言えば失敗だったのかな。

それでも、結果からすればうまく治っていったし、順調に回復していったことはたしかだった。

アメリカに自宅を購入

怪我という、選手にとっては決してありがたくない事態が舞い込んできたおかげで、思ってもみないカタチで時間ができた。

何をやろうかと考えを巡らせていた時、思いついたことがあった。

せっかくだから、身の回りのことをいろいろと整理しようと思ったのだ。

結果的に車を買ったり、家を買ったのもこの時期になった。

とくに、住まいに関しては、アメリカで生活しはじめてから３年間、ずっとＡＴＴにお世話になっていたから、そろそろ、引っ越しをする頃かなあとは思っていた。

ただ、自分としては、この後もＡＴＴを拠点にしていくことを決めていたから、なるべくＡＴＴの近くに住居をかまえたいと考えていた。

結局、ＡＴＴから最も近場でかつ、自分が気に入った一軒家を見つけて買うことになった。

金額は、日本円で言えば５千万円くらいだったと思う。もちろん、ローンを組むなんてバカバカしいから即金で買った。


これからはかつての自分のように、この後の明るい将来を目指せる選手が泊まれるような自宅を手にしたかった。

結果的に日本では珍しい、プール付きの自宅を購入することになったけど、それはＡＴＴのあるマイアミ周辺では珍しくない。

具体的に説明すると部屋が４つあって、自分がひと部屋を使っているけど、それ以外の部屋は空けてある。部屋にはベッドだけしか置いていない。

少し前までコーディーという、Ｂｅｌｌａｔｏｒの選手が使っていたのだけど、もう抜けてしまったので、今は３部屋とも空いたままになっている。

本来であれば、誰でも泊めていいかなと思っていたし、ジムの人も泊めてあげようと思っていたけど、今はコロナ禍も手伝って、みんな気を遣うらしくて誰も来ない状況になっている。


それからもうそれなりにアメリカ暮らしが長くなったので、左ハンドルの車を運転するのが普通になってしまった。

東京に住んでいる時は車なんて運転したことはなかったから、運転自体はアメリカでのほうが長い。

そのせいで、日本に帰った時に車を運転すると、感覚が摑めないことがある。日本では一度、逆の車線に入りそうになったこともあった。

要は、慣れって恐ろしいなと改めて思ったという話だ。

第5章 カーフキック

直弟子を取るか問題

自宅を購入したことで、もしやる気がある選手がいれば、最低限の受け入れだけはできることになった。

ただ、最終的にどうなるのかはまだわからないけど、自分は直弟子は取らないかもしれない。理由は、もし自分が人生を懸けていろんなことを教え込んだとしても、その弟子がいつ辞めていくのかがわからないから。

実際、ＫＩＤさんの弟子になった人たちで、まったく通用せずに辞めていく人たちをたくさん見てきた。

自分のところ、例えば自分のインスタにもＤＭがいきなり来ることがある。

「僕は絶対に強くなります」

そこにはそんなメッセージが書かれているけど、口だけでなら誰でも言える。いや、自分の目で見て、こいつはイケると思ったような子でさえ、結局はすぐに辞めていくパターンが多い。だからこそ、そこはシビアに行こうと思っている。

自分だって、育てた選手がいれば、少しでもデビューしやすい状況を整えてやることはできるかもしれないけど、結局、いくら自分が骨を折ったところで、最後は実際に闘う選手がどこまでプロとして高い意識でいるかになってしまう。

これは他のジャンルの方の話で聞いたけど、いくら師匠筋がお膳立てしてデビューさせたとしても、その弟子本人がやる気にならない限りは続いてはいかないらしい。

格闘技に関してもそれは似ていて、すぐに辞めていくし、続けたところで、大した成績につながっていくとは思えない。

今、自分はアメリカに自宅があって、部屋もそこそこ空いているから、そこを誰かに貸してあげる程度ならともかく、「育てる」となると、自分にもそれなりの意識で手をかけることになる。本当にそこまで熱意のある弟子が見つかればいいけど、そんな人間は本当にひと握りしかいない。いや、ひと握り以下、ひとつまみだと思ったほうがいいのかもしれない。そうなると、簡単な話ではないのだろうと思っている。

たしかに最近、世の中には「格闘家」と呼ばれる人たちがそれなりに増えてはきたと思う。

アマチュアの人でも、その辺のジムに通ってしまえば、「格闘技をやっています」と言えてしまうのかもしれない。

ただ、プロ野球選手と、草野球の選手ではまったく違うし、プロ野球選手の中にも超一流のプレイヤーから、そうではない選手までいるように、「格闘家」にも、いろんなレベルの「格闘家」が存在する。

自分だってプロデビューしてから最初の数年は、空手を教えながら生計のタシにしていたように、インストラクター業や、ゴルフでいうところのレッスンプロとして、格闘技に関わっている選手がそれなりにいると思う。

とはいえ、試合の報酬として計上されるファイトマネーだけで生計を立てていける選手がどれだけいるのかと言えば、その数は決して多くはない気がする。それが現実なのだから、隠してもしょうがない。

断言すると、仮に成功しなかったら他に仕事を探せばいいだろう、という程度の意識や覚悟でいるなら、絶対に生き残ることはできない。

本当に甘い世界ではない。

ちなみに自分は、自分から「格闘技をやってます」なんてことを口にしたことは一度もない気がする。

誰かが自分のふくらんだ耳を見て、「レスリングをやっているんですか？」と聞かれたから、「はい、レスリングです」と答えたことがある。細かいことをいちいち説明していくのがわずらわしいし、面倒に感じるからだ。

こんな自分だから、やっぱり直弟子はできないのかなと思っている。

日本市場とアメリカ市場の違い

弟子の話が出たので、もう少し自分が考える日本人選手について書き記す。

先にも書いた通り、自分のところにはそれなりに威勢のいい内容のＤＭが届くことがある。

「やる気は満々です。是非、一度そちらに伺わせてください」

簡単に言うと、そんな感じで自分に近づいてこようとする。

過去にもそれに近い人たちがいたけど、勢いよく「絶対に頑張ります」と言っていたと思ったら、いつのまにか姿が見えなくなってしまう。

プロの厳しさみたいな部分を少し体験しただけで音を上げてしまう。

自分だったら、たとえ気に食わないことや理不尽なことがあっても、「絶対にぶっ飛ばしてやる！」と考える。実際、自分は先輩に対してそう思いながら東京での生活を過ごしていた。

だから、おそらくそういう思考でいる選手でないと、その先にある大きな壁は乗り越えられないし、ぶち破っていけない気がする。

例えば、自分は強くなるためにアメリカにあるＡＴＴを自分の拠点にすることを選択した。

そこには自分なりの理由があった。

日本には、一般会員を相手にインストラクターをやりながら、ジムで自分の持っているスキルを教えて、自主的に自分の実力を高めていく方法がある。

自分もかつてはこの方法で格闘技と関わってきた。

しかしこの方法だと、一般の会員さんを相手にしている時間を自分のために使うことができない。

例えば、対戦相手の研究や、休養を含めた体調管理の時間がそこで削られる。

また、今現在進行している最先端の総合格闘技を理解しているコーチが少ない。

自分は主にこの２点の課題を考えた時に、ＡＴＴに移り住むことを決めた。

それから、日本にはまだ、ツライ練習をしていればいつか強くなれる、勝つことができる、といったいわゆる精神論が横行しているように思う。

少しずつ減ってきているとはいえ、まだまだその範疇《はんちゅう》にある指導者は少なくない。

その点、技術論でどうすれば簡単に勝つことができるのか。それを日々、研究しているのがＡＴＴになる。

実際、ＡＴＴに限らず、アメリカでは格闘技に関わる「仕事」が日本とは比べものにならないくらい、「仕事」として成り立っている。

それはアメリカにあるジムのお金のかけ方が、日本にあるジムのそれとは雲泥の差であることからあきらかだし、コーチ陣やスタッフに分配されるギャラにも反映されていると思う。その点は日本の環境とは比べものにならない。

もちろん、ある程度のファイターになれば、日本とは比較にならないくらいに稼げるし、スポンサーになる人たちの金額も日本とは比較にならない。

要は、団体の売上や時価総額に関しても、文字通り、桁が違うと言っても過言ではない。

言ってしまえば、お金のかけ方が違うのだから、日本とアメリカではどんどん差が開くのは当たり前の話になる。

金銭面で言えば、もはやＵＦＣやＢｅｌｌａｔｏｒと日本の団体のチャンピオンは、比べようがないものになっていると思う。

日本人が精神的に弱い理由

そして面白いのは、精神論で闘っているはずの日本人選手のほうが、実は精神的には弱い現実があること。

「やる気満々で頑張ります」と最初だけ威勢がよくても、すぐに逃げてしまうのがその象徴だと思う。

おそらく自分から宣言するくらいだから、日本人の中ではそこそこ根性もあるのだろう。

それでも、相手が外国人というだけで、会場に来てからもビビってしまう、なんてことはよくある話。

しかも、これが一人や二人の話ではないのだから始末に負えない。

練習であれだけツラいことをやってきているのに、なぜそこでビビるのか。

ガチガチに緊張して固まってしまうのか。

得てしてそういう選手は少なくない。いや、ハッキリ言ってしまえば、そんな選手ばかりだと思ったほうがいい。

自分は5歳の頃から空手をやってきたし、精神論で生きてきた時代もあった。

それが重要な時期もあるし、自分にもその感覚が染み付いている部分もあると思う。

アメリカではその価値観をいかに変えるか。

自分はそのための努力を常にしてきたし、今は試合に関する勝ち方やコツを教わっているると思う。

たとえるならハイブリッド。

日本の良い部分とアメリカの良い部分を自分なりに混ぜ合わせて日々の練習に活かしている感じになる。

自分も、自分を律しながら厳しさを追求しつつ練習をしているほうが強くなると思っていた時期があった。

だが、アメリカで練習するようになって、決してそれだけでは強くなっていかないことを実感した。とくにそれが子どものような相手が対象だった場合、あくまでも楽しさを念頭に練習していくほうが飲み込みも早くて強くなる。

これがプロの世界になると、それだけでは難しいのかもしれないけど、しょせんは人間同士のやりとりなので、今の自分は、楽しく練習できる環境に身を置いたほうが強くなる気がしている。

では、なぜSNSなどで精神論や根性論を言う日本人が実は精神的に弱いのか。

自分が思うに、おそらくそれは複雑に、ネガティブに考えすぎ。

自分を行ってはいけない方向に洗脳してしまっているし、悪い方向の思い込みをしてしまっているからだと思う。

逆に楽しさを追求すると、練習方法に進化が生まれるから、効率良く強さを追い求めることにつながっていくのかもしれない。

感情を殺すように心がける

その点、自分は何も考えない。いや、複雑に、ネガティブに考えることはしない。ましてや怖い、なんていう考え方はしない。

なぜその境地に至ることができたのか。

それは、実は試合なんてものは、感情ではなく、機械的にやったもん勝ちの世界だということを知ったからだ。

だからこそ、自分は感情なんてものはいらないと思ってしまう。怒りを持つと、その感情のスキをつかれることもある。

であれば、いかに科学的に技術的に勝つ方法を分析するか。

少なくともＡＴＴではそこを重要視している。

「引退したらＡＴＴのコーチになってくれ」

最近はＡＴＴのオーナーからそんなことを言われるようになったので、その方向も視野に入れながら過ごしている。

何度か書き記したように、自分は感情の起伏が激しくない。

それは普段から感情を殺すように心がけているからだ。

いわばそれも練習の一環だと思って取り組んでいる。自分に関しては、それが比較的容易にできているから、そこは自分の要領がよいのかもしれない。

そうやっていかに感情を殺すか。そういうメンタル面に関する考え方も、リング上で相手に勝つためには必要不可欠になる。

自分が思うに、それをどうコントロールしていくかを教えていかないと、対戦相手には絶対に勝てないと思う。

例えば自分には、対戦相手に対する怖さや恐怖心はない。

それは絶対に勝てる、イケるといった考え以外の発想に至らないような練習を普段からしているからだ。

自分の思い描いた動きをどうすれば実現できるか、この打撃をこの角度で入れるには具体的にはどうするか。

例えばそれをミット打ちなりで試しながら、これが入れば絶対に倒れる、という自信を持てる練習を繰り返す。

どれだけ不利なポジションになっても、いかにそこから自分が有利な体勢に移行できるか。

そしてそこからフィニッシュに持っていけるか。それを考えながらつくっていく。

アホは強い

とくにＡＴＴに来て以降、いや、それ以前から自分は、いかに自分を強くできるのかを考えてきた。

散々、トライ＆エラーを繰り返して今に至っている。その間、常に自分の頭でシンプルに考えて行動してきた。裏を返すと、どうすれば複雑に考えず、ネガティブな思い込みをせずにいられるか。それを考えてきたと言えばいいだろうか。

リング上で強さを発揮するには、何をしなければいけないのか。

最初はわからなくても、強くなる、という目的を達成するためには必要なことだし、続けることで後々わかっていくこともある。

ここまで、自分なりのメンタル面に向き合う方法を書き記してきた。

なかには偉そうなことを書いていると思った方もいるかもしれない。

それでも、自分は他の人とあまり変わったことをしている意識はない。

ただ、少しだけ、考え方がアホなだけでここまで来られたと本気で思っている。

これは冗談ではなく、アホは強い。

自分が口にする「アホ」というのは、いかにのめり込めるかを指している。

結果、のめり込める人がリング上で勝利に近づける方法を手にすることができると思う。

一見しただけだと軽く見られるかもしれないけど、真実はそれだ。

こねくり回すな。

どうすればシンプルに考えられるかを考えろ。

勝負の世界は、どれだけ時間があっても足りない。

子どもの頃はケンカが強ければ、ある程度はそれで満足だったとしても、勝負の世界では、その程度で勝ち続けることなんて絶対にできない。

だからこそ、いかに近道をするか、最短距離を通れるのかを考えないと絶対に勝利に結びついていくことはない。

よく「相手の心を折る」という言い方をする人がいるけど、格闘技の場合は一般的な職業と違って肉体的な痛みを伴う。

要は、精神的なダメージと肉体的な痛みが同時に襲って来る世界の話になる。

例えば、出稽古に行ってボコられると、精神的にも肉体的にも大きな傷になるから、人によっては行かなくなるパターンが出てくるのがこれに当てはまる。

自分の場合は、もしそうなったとしたら、「絶対に次はやり返す」と考える。

やられたままでは負け犬になってしまう。

他の人は知らないけど、自分はいつでも胸を張って生きていきたい。

人の陰に隠れるようにして生きていきたくはない。

どうせ生きるなら、堂々と胸を張って生きろ。

自分の子どもには選択肢のある人生を歩ませたい

ちなみに自分にはまだ子どもがいないけど、いつか親になった時には、いろいろと子どもに経験させたいなとは思う。そのほうが考え方の幅が広がる気がするから。

自分の場合、5歳から空手を習って、結果的にはそれが今の仕事につながっているわけだから、その点はありがたいと思っている。ただ、その分、かなりかたよった考え方のまま、今に至っていると思う。

だから自分の子どもには、なるべくいろんなことを経験させて、選択肢に幅を持てるように育ててみたい。

自分がそうしたように、結局、最後は自分の人生は自分で決めるしかないけど、その結論に至るまでには、いろんな選択肢があって、その中から最適なものを選べるようになるのが理想ではないかと思う。

例えば、自分は今、アメリカの永住権であるグリーンカードを取得することができたけど、それがあれば、この後もアメリカに住み続けるのか、やっぱり日本に帰って日本を拠点にするか。どちらか選ぶことができる。

だからその選択肢があるのかないのか。ないよりはあるに越したことはない。

それから、この年齢になって、子どもの時にやっておけばよかったと思うこと。それは勉強だ。

意外かもしれないけど、ホントそれは思う。とくにそう思うのは、英語。子どもの頃は「こんなの100パーセント使わねえ！」と思っていたから。もし自分があの時、今の自分を少しでも想像することができたら、今頃、英語はペラペラになっていたに違いない。

でも、そんなことを今さら後悔してもしょうがない。今からでもやれることをやる。それだけだし、そういう考え方にシフトすればなんとかなる。そこに関しても、決して複雑に、ネガティブに考えない。実際、そうやってここまでできたのだから。

Ｂｅｌｌａｔｏｒと契約

２０２１年９月、自分は契約先をＲＩＺＩＮからＢｅｌｌａｔｏｒに変更した。

いくつか理由はあるけど、あくまでこの時点での心境を言えば、そのうちのひとつは、ある程度、日本での自分の役割は果たしたという気持ちがあったからだろう。

結果、ＲＩＺＩＮのバンタム級王座を保持したまま、Ｂｅｌｌａｔｏｒと契約することになった。

もしかしたら当たっていないかもしれないけど、結婚指輪をしたまま別れるという感じだろうか。

ただ、ＲＩＺＩＮとＢｅｌｌａｔｏｒは悪い関係ではないので、調整次第ではまた日本で試合ができることになる可能性もあると思っていたし、実際、そんな感じで、Ｂｅ ｌｌａｔｏｒの選手として、ＲＩＺＩＮのリングに上がることができている。

もちろん、自分だってまだまだ日本で試合がしたい。みんなの前で試合ができることは、これ以上ない自分の喜びでもある。

その一方で、世界で勝負する格闘家が一人くらいいないと面白くないだろう、とも思っている。

２０２１年12月、Ｂｅｌｌａｔｏｒに移籍して最初の試合が行われた。

試合はＢｅｌｌａｔｏｒバンタム級タイトルマッチ。王者のセルジオ・ペティスに自分が挑む試合だった。

場所はコネチカット州のモヒガンサン・アリーナ。

自分にとっては2度目となるアメリカでの試合だった。

結果は、３Ｒまでは自分が相手を何回かテイクダウンさせていたものの、４Ｒに相手が放った右ハイキックを回避した直後に左バックハンドブローをアゴにヒットさせられ、逆転の失神ＫＯ負けを喫した。

自分のチームの感覚では、３Ｒまでは自分が勝っている、という認識だったから、４Ｒ目も無難に距離を取って闘えば、うまく逃げ切れた可能性はあったのかもしれない。

ただ、この試合はメインイベントに組まれたこともあって、自分からすると、しっかりと盛り上げないといけないという意識があった。

だから自分は勝負に出た。

結果、失神ＫＯ負けを喫していれば世話はない。

プロの世界とはそういう世界なんだと改めて痛感した。

例によってこの試合も記憶が飛んでしまっていた。だから、あとから映像を見たらリング上からタンカで運ばれる際に、右手を挙げて観客の声援に応えているけど、まったくそうした動作をした覚えはない。つまり無意識でそうやっていたことになる。

自分の記憶が戻ったのは、会場からそのまま救急車で病院に運ばれて、検査か何かをしていた時だったか。

覚えているのは、意識が戻って辺りを見回した時に、「あ、これは負けた時のあれか……最悪だ」と思ったくらいだからだろうか。

その段階でもそうだけど、自分が相手のどんな攻撃で倒れたのか。それがわかっていなかったから、あとで映像を確認しようとは思っていた。

最後のバックハンドブローはまったく見えていなかったし、映像を確認してそれを認識した感じだった。

次にいつリベンジマッチが組まれるのかはわからないけど、それまでには自分の実力を進化させつつ、もう少し作戦を練っておかないといけないと思っている。

試合はトランプゲーム

とくにＢｅｌｌａｔｏｒやＵＦＣのトップファイターになると、誰が一番強いとかいうことはない。

だってみんな強いから。

個々にそれぞれの武器を持っているし、対策を立てるにしても、いつも以上に入念にやらないと、そう簡単に勝利を手に入れることはできない。

大前提の話として強いのは当たり前なので、タイミングによって負けることがある、というだけの話になる。

例えばそのレベルの選手と闘ったら、10回闘って、10回勝つことはできないと思う。

もし自分が技術的に上だったとしても、２、３回はやられることがあるかもしれない。

とくにそのレベルになると、１発のパンチやキックで形勢が逆転することもある。

だからこそ、慎重に試合に臨むことが肝要になってくる。

ＵＦＣからＲＩＺＩＮに主戦場を変える前は、ＲＩＺＩＮは年間スケジュールも決まっていたから、対戦相手を想定した練習ができると思っていたけど、実際にＲＩＺＩＮ

で闘っていくと、対戦相手が急に決まることも多かったので、そうなると戦略が立てづらいことも出てくる。

ただ、それはそれでしょうがないところもあるから、与えられた時間の中で最大限のことをやる方法をとってきた。

自分の手札を増やすために新しい技術を習得したり、相手が予想できない技を出したり。

たしかに結果が出れば、どっちが強いのかがわかることはわかる。

ただ、それはもう素人目にはわかる、という意味になってしまうのであって、もしかしたらもうその言い方は当たっていないのかもしれない。

要するに、厳密に言えば、どっちが強いかという対決をしているわけではない、という言い方をすればいいのだろうか。

もし、相手の得意技をうまく出されたら勝てないところがあると思うし、相性がよければ勝てる場合もあるし、そうでないと勝つのが難しいとか。

そうなると、単純な強さだけで勝負している、というより、戦略で勝負しているような。

いかに相手の得意技を出させないようにこう攻めるとか、このポジションを取るとか、スタミナを削ろうとか。

そうなると、本当に試合というより、ゲームの世界に近い。

トランプゲームだとしたら、どのカードをどのタイミングで出すかを考える。

あれに近い気がする。

だからファイトでありながら、スポーツ感覚のゲーム。

総合格闘技は総合格闘技だけど、そもそも強いファイター同士が闘うとなると、そんな感覚で強さを競っている、という感じだろうか……。

命懸けで闘うという考え方

「命を懸けて試合をしています」

今でもたまにそんな言い方をする選手がいる。それと、これは今にはじまったわけではなくて、自分が子どもの頃から、試合前に「遺書」を書いてリングに向かう選手がいる、という話を聞いたことがある。

だけど総合格闘技創成期ならともかく、最近は競技化も進んできたので、リング上で亡くなった、という事例は、自分が知る限り聞いたことがない。

いや、同じ体重の選手と試合をしている限り、死ぬ可能性なんてほとんどないと思う。決して楽だとは言わないまでも、死ぬ確率なんてほとんどない。大げさすぎる気がするし、ドラマチックに言いすぎて、自分に酔っていると思うし、少し盛っている部分もあるように思う。


自分は淡々と話すし、基本的には楽観的。

自分のやってきたことなんてこんなに簡単だから、難しく考えずにシンプルに考えてください、という打ち出し方をする。

自分から「俺は強い」なんて言ったこともないし、上には上がいることも知っている。決して、自分がやってきたことはすごい、なんて思っていないし、そうも見せない。

だから、軽く見えてしまうのかもしれない。


「リング上で死ねれば本望」

そんな選手の言い分はわからないわけではないけど、もしかしたらファイターではなく他の仕事のほうが、過労死もあれば、事故死もあって危険なのではないか。

もしかしたら誰が乗ってくるかわからないタクシーの運転手のほうが危険かもしれない。

だから可能性で言ったら、総合格闘技の試合のほうが危険度は低い気がする。

もちろん、選手のレベルにもよるから一概には言えないだろうけど、体重を合わせて試合に臨んでいる時点で、そこまで危ないなんてことは絶対にないと自分は思う。だって相手が武器を持っているならまだしも、そうではないわけだから、できることには限りがある。

だから、命懸けで闘うなんて話を耳にすると、待てよ、と思う。そんなに（命は）懸かってねえぞって。

前向きな思い込みを意識せよ

「堀口恭司だけ月にいる」

いつだったかＲＩＺＩＮのパンフレットにそう書かれていたことがある。

要は、自分の実績と、他のバンタム級の選手のそれを比べた時に、そのくらいの差がある、ということを評してそう書いていたという話だった。

実績だけを言えば、たしかにそうかもしれないし、そう言ってもらえるのは決して嫌な気持ちはしないけど、自分としてはそんなことはないと思う。

理由は、同じ人間なので、差があると思った時点でそこに差が生まれてきてしまうと思うから。

もし自分が他のことで、「あいつとは天地の差がある」なんて思ってしまったら、その差はどんどん埋められなくなってしまう気がする。

だからそういう思い込みはヤメたほうがいい。

もちろん自分の考えは、日本を拠点にしていたら世界では勝てないと判断したから、実際に日本を飛び出した。

でも、そんな自分でも、日本を拠点にしている朝倉海くんに一度は負けてしまったことがある。

いろんな要素が重なったとはいえ、たとえ月にいたとしても負ける時は負ける。

それでも、いかに前向きな思い込みを自分で意識できるか。

そこは自分自身が思っている以上に重要だと思っている。

それと、もし自分のやってきたことを「すごいだろ」なんて言っている人がいたら、少なくとも自分の考え方とは違う。

自分からすると、それは男として恥ずかしく感じる。

言い方はカッコよすぎるけど、美学としては自分と違うと思っている。

どこまで行っても気持ち

自分の場合、挫《くじ》けるとか、自信が砕けることはない。

実力が足りないと思ったら、もっと強くなってぶっ飛ばそうと思うだけ。

挫けて逃げるなんてことは絶対にない。


「拠点を海外に持つことは孤独ではないのか？」

「なぜ気持ちを強く持ち続けられるのか？」


例えばそんな質問を投げかけられたら、どう答えるのか。

自分は、家族や周りの人たちが喜ぶような姿を見せたいと思っている。

みんな自分に期待をかけてくれている。

期待されているのに、キツくて逃げるなんてできなかった。

せっかく両親が自分をここまで応援してくれたのに、それを裏切ることはしたくなかった。

上京する際に、この格闘技で食えなかったら死んでもいいと思った。

そんな思いで田舎から東京に出てきているから、その覚悟は他の人とは全然違ったのかもしれない。

格闘家になれなかったら死んでもいいと思っていたけど、それはそのくらいの気持ちでいないと成功しないことがわかっていたから。

ただ、自分の持っている本気の覚悟は、人様に見せるものじゃないと思っているから、さも自分が天才でここまできて、楽勝で連勝しているように見えるかもしれないけど、決してそんなことはない。

他の人だって自分の人生を覚悟を持って進んでいるかもしれないけど、自分の場合はそれを重く言いたくはない。

自分のように軽く言ったら、軽く考えてしまって、その結果、あきらめちゃう人も出てくる可能性はあるけど、それでも簡単に夢をあきらめないこと。

たしかに、人生にはツラくても、何もできずに耐えることしかできないことが襲ってくるかもしれない。

それでも、お前がちゃんと結果を残したいなら、絶対にできる。

なぜなら俺とお前は同じ人間だから。他の人にできて、お前にできないことなんて何もない。

もし、自分のやり方に問題点があるとしたら、自分は淡々と物事を口にしていくから、多くの人に軽く見られてしまうことだろうか。

自分なんて、特別な才能があるわけではない。

仮に才能が多少はあったとしても、常にネガティブな思い込みを捨てて、前向きに考えていなかったら勝てない世界なのはたしか。

これは、少し前に書いた「何も考えない」とは矛盾した言い方になるけど、あえて言うなら、こんな感じかな。
①何も考えない。目の前にあることに感情を入れず、機械的に淡々とこなす。
②それでも考えたければ前向きに考える。絶対にネガティブな思い込みはしない。

要はどこまで行っても気の持ちよう。

いかに気持ちをつくるか。

そこに尽きると思っている。

朝倉海との再戦

２０２０年大晦日、自分は朝倉海くんと再戦をすることになった。

自分が海くんに負けたのは２０１９年８月。

人生初のＫＯ負けだった。

負けた原因は自分にあった。

すべては自分の体調管理不足。

万全どころか、最悪の体調だとわかっていたのに、結局は周りの声に押されて、試合を引き受けた自分に責任がある。

この再戦が決まってから、いろんな声があったと思う。

「何度やっても同じ結果になる」

そんな話を向こう側はしていたとも聞いたし、「また堀口が負けるだろう」なんてことを言う人も多かっただろう。

もちろん自分はそんな声に対しては「余裕だよこの野郎！　見てろよ」と思っていた。

「舐めんなよ」

その気持ちがなくなったらリングになんて立つことはできない。

正直な話をすると、プレッシャーはまったくなかった。あるとしたら、コロナ禍になって、試合前日までの間に試合ができなくなってしまう（中止か延期）かもしれないことに対する心配が、もしかしたらほんの少しだけはあったかもしれない。

ではなぜプレッシャーがなかったのか。

それは、２０１９年８月にやった朝倉海戦は、みんなのためにやった試合。

それに対し、再戦は自分のためにやる試合。

その時点でそもそも気持ちが全然違う。

自分の試合に対するモチベーションは、周りの人にいかに喜んでもらえるか。そこに尽きる。自分の軸はそこにある。

その軸が、海くんに負けたことによって「こいつぶっ飛ばしてやろう」に変わった。自分の気持ちにスイッチが入った瞬間だった。

再戦までの１年４カ月の間、自分のところには朝倉兄弟に関するいろんな話が伝わってきた。

あることないこと、大小含め、さまざまなものだった。それを聞くにつけ、真意はともかく、自分の思いはどんどん膨れ上がっていった。

「舐め腐りやがって」

「調子に乗りやがって」

そんな思いが日に日に増していった。

勘違いしてほしくないのは「舐め腐りやがって」「調子に乗りやがって」と思いながら、それをすべて〝怒り〟に変えてリング上でぶつけられるか。重要なのはそこになる。

要は、事実や真実がどうかなんてことは、自分にはどうでもいい。

たとえ試合前はそんな感情でも、〝怒り〟に任せて判断せずに、いかに冷静になって自分自身を勝利に導くか。

試合がはじまってしまえば、冷静に勝利に向かって突き進む。

そこがプロの格闘家のやることかなと思っている。


「イージーファイト！」


結果はすぐに出た。

ゴングが鳴ってから23秒、自分が右のローキックで先制し、海くんのローキックをかわす。

さらにもう一発ローキックをヒットさせると、３発目のローキックも当てる。その瞬間、海くんがヒザをついて倒れた。

その後、多少の攻防はあったかもしれないけど、すべて自分の想定内。最後は海くんが打ってきた飛びヒザを自分が右フックで撃墜し、パウンドをフォローしてフィニッシュした。

１Ｒ２分48秒、自分のＫＯ勝ちだった。

「イージーファイト！」

自分は勝った瞬間、セコンドについていたマイク・ブラウンに向かってそう叫んだ。

この言葉自体は、相手を小バカにしたよくない言葉だったと思う。

ただ、この言葉の意味は、直訳した時の「楽な闘い」ではなく、マイクを含めたチームに対して、「自分たちのチームからすれば、こんなの余裕だよな」という同意を求めた言葉だった。

それでも自分からすれば、そこまで１年４カ月の間に積み重なっていたイライラが一気に爆発したから、「見たか、この野郎！」という感じで叫んだのだと思う。

もちろんその言葉は、不特定多数の人に向けて言ったわけでもなければ、まして海くんに向けて言ったわけでもない。

自分自身に対して、それから家族やセコンドについてくれたマイクに対しての言葉だった。

カーフキック

海くんとの再戦は、本来なら１年前にやるはずの試合だった。

たしかに再戦があったのは２０２０年の大晦日だったけど、自分の怪我で丸１年、試合が延びた。それに関しては海くんに申し訳ないことをしたと思う。

ただ、実を言うと、その段階でもうすでに朝倉海戦への対策は立てていたし、実際、１年後にリングで再戦することになった時にも、基本的には１年前に立てた対策をそのまま実行した。

象徴的なのが、決定打になったローキック（カーフキック）だった。

文字通り、相手のカーフ（ふくらはぎ）を狙ったキックのこと。

当然の話として、最初からカーフキックも狙っていたと言えば狙っていたけど、それはたまたまそうなっただけで、それ以外の対策もいくつか立てていた。

だから、いろいろなパターンを用意していた。

結果的に、あの試合のあの場面ではカーフキックを選ぶことになったというだけのこと。

海くんとの再戦に勝って、年が明けたら「カーフキック」が格闘技界やファンの間でよく使われるようになった。

ＹｏｕＴｕｂｅでもそれに関する動画がよく出ていたらしいし、多くのファンが攻略法を知りたがっている、とも言われた。

ＳＮＳ上では防ぎ方に関する書き込みもかなりあったらしいけど、ハッキリ言ってカーフキックに限らず、どんな技が来ようが、その対策をするからといって対策ができるわけではない。

自分からすれば、知りたければ教えるよ、とすぐに動画を自分のチャンネルでもあげてみたけど、そんなのは種明かしでもなんでもない。

トップファイターなら知らなきゃいけないことのひとつだと思っているから。

その上で相手にその技を決めるのが、自分らのようなプロなのだと思う。

要は、「対策がわかったから何？」という話になる。

だからカーフキックの使い方・防ぎ方がわかったとしても、あくまでそれは技のひとつでしかない。

それでも、自分たちのチームは海くん対策として早くからカーフキックという戦略を立てていたけど、自分が日本で練習をしていたら、そこに辿り着いたのかはわからない。

もしかしたら、自分が知らないだけかもしれないけど、そういう相手に対する研究や対策は、ＡＴＴという信頼できる仲間がいるからこそできると思う。その部分に対する信頼は、誰よりも持っているし、改めて書くまでもないけど、決して揺らぐことはない。

第6章 格闘技をメジャーに

物議を醸した記事

年が明けて２０２１年の１月７日だったか、自分のインタビュー記事がネット上に公開された。

そこには、海くんとの再戦後に、控室で海くんが、自分に「もう１回お願いします」と言ってきたことに触れ、「再戦と言ってくるのが、ある意味すごい。（実力差が）わかっていないいんだなあ、と思いました」という自分のコメントが掲載されていた。

さらに、兄の未来くんが「弟の借りを返す。契約体重でやろう！」と言われたら？との問いに答えて、自分はこう答えている。

「やらないっす（笑）。それこそメリットが何もありません。ハッキリ言って弱いし、やる意味がないですよ」

この記事は、年頭からかなりの物議を醸した。

「堀口がそんなことを言うはずがない」

「今までのイメージと違う」

要は、本当に自分はそんな発言をしたのか。その真意を巡って、ネット上が荒れてしまったのだ。

なかには、その記事を書いた記者の方への批判もあったと聞いた。

自分は正直、申し訳ないことをしたと思った。

というのは、自分がそんな内容の話をしたことは事実だからだ。

ただし、冗談ぽく話をしたつもりだったし、完成された原稿を当時のマネジャーが確認する際に、そういった部分は削除されると思っていた。

現場ではそこまでシリアスな感じで言ったつもりはないものの、活字になると厳しい物言いになって伝わってしまう。


今さら言い訳をするつもりは毛頭ないけど、自分としては、海くんが再戦を受けてくれたことは本気でありがとうと思っていたから、そこにあんな記事が出てしまうのはどうなんだろう、と複雑な思いがあった。


先にも書いた通り、海くんとの再戦に至るまでの１年４カ月、本当にいろいろな話が伝わってきた。そのうちのどれが本当でどれが嘘なのかを確認する手段を自分は持っていなかったし、もう今さらそこはどうでもいい話になる。

ただ、自分に勝ってから朝倉兄弟が調子に乗っているのは認識していたし、そういったことがわかるような言動が書かれた記事も目にしたことがあった。

それと海くんが「再戦をやらなくてもいい」と言っているような話も伝わってきたから、そこに関してはカチンと来ていた。

自分も人間だから、そんな噂を見聞きしたり記事を読めば、「何をこの野郎！」となるのは当然だと思う。

だから、ありがとうとは思いつつも、それと並行して「舐めるな」という気持ちがあったことも事実だった。

そういったことを総合的に考えると、海くんとの再戦は、もちろんファンのためにやる、という気持ちは忘れていないものの、それ以上に自分のためにやるという気持ちも強かった。

それと、言うまでもないけど、自分の仕事は格闘技。それ以上でもそれ以下でもない。

自分は全人生、全時間を懸けて格闘技と向き合っている。

自分流の立ち直り方

ここで自分流の勝利に近づくための方法のひとつを紹介する。これまでにも似たようなことを言ってきたけど、改めて。

それは、いかにポジティブに考え、不安にならないようにするか。

自分にとってその答えは、練習中に、不安な要素を何度も繰り返して潰していくことだと思う。

結果、不安は払拭され、解決することになる。

だから実にシンプルなのだ。


今、自分はアメリカのＡＴＴを拠点に生活しているけど、日本から来たばかりの頃は、寝技がうまくできなくて、グラウンドになったら不安を感じていた。

自分がアメリカを拠点にしようと決断した瞬間は、２０１５年にあったＵＦＣでのフライ級タイトルマッチに負けた直後のこと。

要は、勝てば世界一になれる試合を経験したと思った瞬間、自分のグラウンドテクニックに致命的な不安を覚えたことになる。

だからあの日のタイトルマッチを経験したことで、自分に足りないものを発見することができた。

それがわかれば、あとはそれを払拭するための努力をすればいい。

そのために自分はアメリカに渡ることを決めた。

あれから7年以上は経ったけど、今は対処法がわかったから、寝技になっても問題ないと思える。言ってしまえばそういうこと。

不安をどんどん潰していく＝自信につながる、と思う。


例えばの話、不安を全部、潰しても負けることがある。

「勝負は時の運」と言われる理由はそこなのかもしれない。

それでも、思ったより相手のパンチが強かった、なんてことは絶対にない。

それは映像で研究すればわかることだから。

それから、負けたらどうしよう……とは、少なくとも自分は思わないし、思ったことはない。

試合なんて読んで字のごとく、「試し合い」。要は、たかだかひとつの「試合」でしかない。

実際、自分は海くんに負けたけど、全部を失ったわけではない。

先にも書いた通り、海くんに負けた時はヒザがガタガタだったし、それでも試合を受けた自分に問題があった。

だから再戦の時はワクワクしてしかたがなかった。

なぜかと言えば、自分はその後、ヒザを手術して1年以上、リングに上がることができなかったのだ。

それだけのハンデを負っているのに、この後、自分が海くんをぶっ飛ばしたら、漫画みたいな話になる。

だから、めちゃめちゃ燃えた！

そんな復活ストーリーに自分が一番盛り上がっていた。

いつも思うけど、自分はアホだしバカだから、常にプラスに考えていくし、いいように捉えていく。

だからたとえどう転んだとしても、自分の物語をどう描くと面白いのか。それを考えていけば、なんの問題もないと思う。

自分は10カ月のリハビリの間、本当にいいストーリーをつくれると勝手に思っていた。

たしかに無敗のヒーローがいてもいいけど、実は無敗だとヒーローにはなりにくいのかもしれない。

なぜなら、いくら強くても、負けがないと盛り上がりに欠けてしまうような。

それはもったいないよ。

だからストーリーには起伏があったほうが、絶対に面白い！

アメリカから見た日本の風景

自分は今、アメリカを拠点にしながら生活している。

アメリカにいる強みは、日本の動向をそれほど気にせずに生きていられることだと思う。多少はＳＮＳを気にして生きてはいるけど、日本にいる時よりは距離的な問題もあってなのか、日本で起こっていることに対して、そこまで興味津々でいる感じではない気がしている。

ちなみに今、それなりに日本の格闘技界は盛り上がりを見せているように思う。

例えば、日本では朝倉兄弟の勢いがすごいと言われても、それをうらやむなら、自分もそれ相応の努力をすればいいだけ。

要は、彼らがＹｏｕＴｕｂｅを頑張っているなら、どうすれば勝てるのか。それを考えて実行する。

自分はそこに対してはとくになんとも思わないし、そこが自分の軸ではないから、自分のペースで生きていくだけ。

ちなみに、朝倉兄弟の人気をつくったきっかけは、自分に海くんが勝ったから、と言われたことがある。

たしかにどの程度なのかは別にして、それはあると思う。

それと自分はどちらかと言えば、口下手なほうだと思っているけど、彼らは口が達者というか、うまいと思う。そこが自分とは大きな違いになる。

これは皮肉でもなんでもなく、その部分は自分にないものだから、その点は素直に認めている。

朝倉兄弟とローガン・ポール

付加価値をどうつけるか。

格闘技界では朝倉兄弟はそれがうまくできている。いかに自分を大きく見せるか。その見せ方がうまいと思う。

例えば、自分はひとつのことを簡単に考えて実行する。

「そんなのは簡単だよ」

そう考える。

百の論理より、一の実行というか、実際に実証してみせるスタイル。

昔から自分はそんな生き方をしてきた。

朝倉兄弟の手法をもっと効果的に、効率的にやっているのがＹｏｕＴｕｂｅｒのローガン・ポールなんだろうと思う。

彼らは、人を集める努力は半端なくしているだろう。

いかに数字を稼ぐか。それによってお金を稼ぐ。

ローガン・ポールはとくにその傾向が強いけど、彼に格闘技の実力があるのかと言われれば、決してそこまで強いわけではない。

単にビジネスがうまいだけ。それ以上の感情はない。

自分にどうすれば付加価値をつけられるか。

どうすればビジネスができるか。

どうすればお金を稼げるのか。

強さ、お金、知名度、影響力……優先順位を考えると、もちろんお金だって生きていく上では必要なわけだから、稼げてナンボという意識は持っている。ただ、そこにまったく強さがなければ、やはりそこは自分の目指しているものとは違う。

強さにお金がついてくる世界に自分は憧れてきたし、今もそれを目指して生きている。

とにかく強ければ、お金はついてくる。

そう考えながらここまでやってきた。

ただ、人を呼べなければ、数を動かすことができなければ、お金を稼ぐことができないこともわかるようになってきた。


とはいえ、最低限の自分の軸をズラしてまでお金を稼ぎたいとは思わないし、自分の考えと違う人たちを煽《あお》ることもしない。

人それぞれが自分の軸を信じて生きていけばいいと思う。

1日2試合は是か非か

２０２２年１月、前年の大晦日にＲＩＺＩＮであったバンタム級グランプリの決勝戦で闘った、扇久保博正さんと朝倉海くんが、それぞれ自身のＹｏｕＴｕｂｅチャンネルで試合のことを振り返って、「１日に２試合は限界を超えている」と話していたらしい。

その人の感じた率直な感想だからそれはそれでいいと思う。

ただ、（２０１８年にグランプリで似たような経験をした）自分は、終わった段階でまったくそんなことは思わなかった。

自分は空手上がりなのでトーナメントが普通だった。そこで勝ち上がるには１日に何試合も勝ち抜かなければいけない。

おそらくそういうそもそも論が自分にはあったから、子どもの頃から１日に複数の試合をすることは当たり前だった。

しかも面白いことに、自分の場合は１試合目よりも２試合目のほうが動きがいい傾向にあった。

その分、自分の攻撃も鋭くなっていったから、１日に２試合をやりたくないなんて考えたことはないし、その危険度や大変さを大きく考えたこともなかった。

自分が思うに、扇久保さんは死に物狂いでやって勝ったから、「もうやらない」と言ったのだろうし、海くんは負けてしまったから「限界を超えてます」と冗談ぽくでも言わないとバツが悪かったのかもしれない。

やっぱり気持ちの問題なのだろうと思う。

とくに海くんに関しては、（２０１９年８月に）自分に勝ったことで自信につながっただろうし、あの勝利で虚勢を張れている面が少なからずあるのだろう。

それでも自分は負けたわけだから偉そうなことは言えないけど、もし自分が万全とは言わないまでも、もう少し体調が良い状態で試合に挑めていたら、あの結果にはならなかったと思う。

要は、格闘技ってそれだけメンタル面によって大きく左右されるもの。

それは誰に限らず、ラッキーでも試合に勝つと実力が追いついてくる場合があるということだ。

シバター八百長騒動

これも２０２２年の年明けに起こった話になるけど、前年の大晦日にＲＩＺＩＮであった試合で、シバターさんが対戦相手の久保優太選手に対して、事前に試合内容に関するやりとりをしていたことが発覚した。

要は、その試合が八百長《やおちょう》だったのではないか、という疑惑が取り沙汰されていた。

実際、シバターさんと久保選手がどういった経緯でどうなったのか。自分は詳細を把握していないけど、試合に勝ったのはシバターさんだった。

年が明けて、その話を耳にした時、正直に言って、自分的にはアリなんじゃないかと思った。

だって、そんな誘いがあったとしても、それに付き合うなり、騙されるほうが悪いと自分は思う。

自分がいる世界は真剣勝負の勝負事の世界。

手段はともかく、勝てばいい世界であることは間違いない。

そう考えているから、シバターさんのやり方はズル賢くてよかったと思う。

もちろん、自分はそこに関わってはいないけど、たしかに試合前、シバターさんから連絡があったのは事実だ。

内容的には試合に対する不安を相談されたものだった。

「シバターさんなら大丈夫ですよ！　頑張ってください！」

自分はそう返信したけど、基本、シバターさんは個人的なやりとりを公開する人だということは知っている。

だからシバターさんに関しては、自分は当たりさわりのないことだけを返信するようにしていただけだった。

せっかくなのでこれに関してもう少し話をすると、もし自分の対戦相手からそんな提案があったとしたらどうするか？

自分は一切相手にはしないと思う。

もちろん、それがＹｏｕＴｕｂｅの企画だったりすれば、話は別かもしれないけど、仮の話、ＲＩＺＩＮやＢｅｌｌａｔｏｒの試合でそんなＤＭが対戦相手から送られてきて、「こうやって盛り上げましょう」と書かれてあったとしても、自分は当日のリングに上がって、普通に試合をする。

自分がいる世界は真剣勝負の勝負事の世界。

自分はリング上での勝負に勝つために、すべての時間を費やしている。

キャリア初の2連敗

自分がＢｅｌｌａｔｏｒと契約をしてから、Ｂｅｌｌａｔｏｒでもバンタム級のワールドグランプリが開催された。

まだコロナ禍でもあったので、思うように大会が開催されず、自分もいつ試合が組まれるのかが読めなかった。

本音を言えば、その部分に関しては多少イライラすることもあった。自分はファイターだから、試合に向けて調整しながらコンディションをつくっていく生活を続けてきた。だから試合がないのは金銭的な面だけではなく、心身を考えた時に死活問題になる。

もちろん自分は、このトーナメントにも参戦したけど、１回戦ではセルジオ・ペティス（２０２１年12月）に敗れてしまった。

しかも次に組まれたパトリック・ミックス戦（２０２２年４月）でも不覚をとった。

自分としては、プロになってから初の２連敗。

決して弱い相手と闘っているわけではなく、世界のトップレベルの強豪が相手なのだから、勝ち続けるのは至難の業とはいえ、「勝負の世界」に生きている限り、負けてしまえば何を言っても言い訳にしかならない。

ただ、これは以前も書いた通り、世界のトップファイター同士の闘いは、言ってみれば「戦略×戦略」が勝敗を分ける。５回闘って、５回勝ち続けるなんて絶対にあり得ないハイレベルのやりとりをしていると思う。

だから、あっても決しておかしくない結果なのだと思えばそうなのだけど、それでも負けが続くのは、プロとしても決して誇らしいこととは思えない。

原因はいくつか思い当たるけど、大きな要因のひとつは、対戦相手のカラダの大きさにあると思う。

以前も書いた通り、自分はそこまで体格が大きくないし、前日の計量から試合まで、戻しても３、４キロなのに対し、相手は10キロ以上のリカバリーがある。

となれば、平気で５キロ以上の体重差のある相手と闘うことになる。

それが世界の壁なのだから当たり前なのかもしれないけど、自分としては、いかんともしがたい問題だから頭が痛いと言えば、頭が痛い。

それでも、しょせんは人間同士のやりとりでしかないと思えば、そこまで大きく考えることはない。

ただ、自分の現役生活が40歳までと考えると、後半に入ってきたキャリアをこの後、どうつくっていくのか。

それを考えていくと、このままバンタム級で闘っていくのがよいものか、それとも階級を元に戻していったほうがいいのか。

漠然とではあったけど、シリアスに考えはじめるきっかけをくれたのが、連敗という結果だったと思う。

ついに実現した天心×武尊戦

２０２２年６月19日、東京ドームで『ＴＨＥ　ＭＡＴＣＨ　２０２２』という大会が開催された。

このイベントで、７年越しで実現した格闘技ファン待望の那須川天心×武尊戦が実現した。

実は武尊くんは、自分がまだＵＦＣに出ている頃（２０１５年８月）、自分が練習していた一期倶楽部の合宿に、メディアの取材で来たことがあって、一度だけ練習を一緒にしたことがある。

その時の武尊くんの印象は、不器用な感じ。武尊くんは極真空手の出身で距離を詰めて闘うルールになるけど、自分は伝統派空手の出身だから、距離を取って闘うパターンが多い。その違いもあって、堅い動きをしているように感じた。Ｋ－１で見ている、ガチャガチャガチャという感じそのままだった。

一方、天心くんとは試合もしているから、自分からすると、両方とも拳を交えたことがあるけど、天心くんはスピードと技術、武尊くんはパワーという感じで考えていた。

この試合に関しては、自分のＹｏｕＴｕｂｅチャンネルでも話したけど、契約体重が58キロ、当日の試合３時間前の時点で計量を行って、62キロでいないといけないというルールだった。それを聞いた瞬間、ほぼ天心くんが勝つだろうと自分は予想した。

ではなぜ、58キロ契約になったのか。

それは天心くんが55キロの世界王者、武尊くんが60キロの世界王者だったから、間を取って57・５キロ。これに０・５キロ上乗せして58キロという話だったらしいけど、これだと天心くんが有利とまではいかなくとも、かなりのアドバンテージを期待できる契約体重だと自分は思った。武尊くんからすれば、ゴングが鳴る前の段階で、かなりの筋肉まで削って、試合に臨まなければいけない。

おそらく武尊くんは、それでも天心くんと試合をしたかったし、自信もあったのだと思う。何より契約体重はともかく、実現することを優先させたのかもしれない。

もし自分が武尊くんの立場だったら、やっぱり実現することを優先させただろう。細かいルールなんて、そんなのはどうとでもなると、少なくとも自分は思うほうだから。それに格闘技の試合は、一発で流れが変わるし、形勢が逆転することもある。それがあるから格闘技の試合は盛り上がる。

ともあれ、結果として言えば、自分の予想はズバリ的中した。

天心くんが判定で武尊くんに勝利した。７年かかっても、晴れて実現したのだから、それはそれでよかったのかなと思う。

あ、そういえばこの試合に関しては、ひとつ言いたいことがあった。

天心×武尊戦があった『ＴＨＥ　ＭＡＴＣＨ　２０２２』は、最前列席が３００万円。となれば、ファイトマネーだってそれなりの金額になったに違いない。

自分が天心くんとキックボクシングルールで闘った時には、最前列席だって、そこまで高額なものではなかった。その点は正直、舐めるなよ！と思った。

フジテレビの撤退と次なる収益構造の模索

天心×武尊戦まで３週間を切った、５月31日、フジテレビが『ＴＨＥ　ＭＡＴＣＨ　２０２２』の放送を中止することを発表した。

同時にＲＩＺＩＮは今後、フジテレビでは放送をされないことになった。

自分が最初にそれを聞いた時に思ったことは、これからは一般層に格闘技が届かなくなるのかなー、だった。

ただ、結果的に『ＴＨＥ　ＭＡＴＣＨ　２０２２』は、ＰＰＶ（有料放送）で50万件という記録的な数字を弾き出すことができたと聞いた。もし今後もそうやって有料で見る視聴者が増えて、その結果、選手のファイトマネーや業界全体の収益が上がっていくなら、そっちのほうがいいのかもしれない。

だから、あくまで『ＴＨＥ　ＭＡＴＣＨ　２０２２』に関しては、結果的にフジテレビで放送されないことが悪い選択にはならなかった。

とはいえ、数字を追い求めるような路線を続けていくと、どうしても短命に終わってしまう場合があることを、とくに日本の場合は歴史が証明してきた。

ＰＲＩＤＥやＤＲＥＡＭ、戦極にしても、今現在はその姿はどこにもない。ただ、その流れを汲むようなＲＩＺＩＮが存在している感じになっている。

一方、米国では、日本の市場規模では考えられない規模の〝産業〟として、格闘技が成立している。

両者の違いを考えると、日本の場合、短期的に投資の回収に走ってしまう結果なのだと思うけど、米国では淡々と続いていくＵＦＣが君臨し、他にはＢｅｌｌａｔｏｒなどの格闘技団体が鎬《しのぎ》を削っている。

それとＵＦＣもそうだけど、アメリカは公営ギャンブルになっているから、観客にしても目の色が違う。

あの光景を見ると、日本も格闘技を公営ギャンブルの対象に入れたほうがいいのかな、と思ったりもする。実際、日本では競馬や競輪、競艇にしてもそういう収益構造になっている。もしその路線が取れれば、市場規模は大きく変わっていくのになーとは思う。

天心「無敗」の真相

２０２３年４月、天心くんがプロボクシングのデビュー戦を行った。

自分はその試合をダイジェストで見た。フル映像では見ていない。理由は、自分はあくまでＭＭＡファイターだと思っているから。

冷たい言い方になるかもしれないけど、たとえ試合でグローブを交えたとしても、それはそれ。だから下手にプロボクシングの試合を見て、真似したいとか思わないようにしている。もしかしたら少なからず影響を受ける可能性がないとは言えないから。

言い方が間違っていたら申し訳ないけど、誤解を恐れずに言えば、天心くんには正攻法のスキルだけではない、どちらかと言えばズル賢い側面を持っていると思う。

もしかしたら「無敗」というのはそういうことかもしれないけど、どんなジャンルであれ、トップレベルになると、単なる正攻法だけで勝ち続けていくことが難しくなるのは否定できない。だから、どちらかと言えばダーティーというか、そういう側面を持ち合わせていないと、勝ち続けていくことができなくなっていく場合もあるのだろう。

ただ、天心くんはイメージ的にはまったくそうは見えない。そこは天心くんが本来持っている素直な面が普段、表に出ているからだと思う。それでも、その素直さを突き詰めていくと、我の強さや負けられない宿命にある立場であるがゆえに、そういったズル賢い部分を含めたスキルによって強さを維持せざるを得なくなるのかもしれない。自分はそう思う。

今回はたまたま天心くんの名前を出したけど、例えば格闘技の試合でも、試合中にロープを掴むような反則ギリギリの行為をしながら自分のペースに持っていこうとする選手もいる。

たしかに、ほんの些細なことで試合展開が大きく変わってくるから、それを良しとする選手がいるのはわかる。ただ、それはあきらかに自分のやり方とは違う。ポリシーなのか美学なのか。その辺はよくわからないけど、少なくとも自分は、正攻法で勝負せず、多少なりともダーティーな手法を入れながら勝ったとして、そのことを他人に評価されたくはない。だったら、あくまでも正攻法で、ルールの範囲内の闘い方で、マナー違反をせずに勝ちたい。真っ当に闘って勝った時に、初めて自分も納得することができるから。

自分だって「俺だけが強ければいい」と思っている部分がまったくないわけではない。いや、そういう気持ちを持っていないと、とくに世界のトップでは勝てない部分は、現実論で言えば、あると思う。

その点、自分は正直に挑んでいくから、負ける時は負ける。反則だとわかっていて、ギリギリの行為をしながら勝つ、なんてことは一度もやったことがないし、これからもするつもりはない。

ただ、もし対戦相手が反則に当たるような攻撃を交えながら挑んできたとしても、それは作戦だからいいと思う。

具体的に言えば、もし相手がローブロー（金的攻撃）を故意に狙っていたとしても、トップレベルになればなるほど、そこまであからさまにそう仕掛けることは難しいだろう。

それと仮に相手がワザとローブローを打ってきたとしても、自分はなんとも思わない。結果は結果。試合は勝たなければダメ。そんなことで負けるほうが悪い。結局、この世界はそういう世界なのだと思う。

格闘技をメジャーにしたい

ちなみに自分は、カッとなって相手に反則ギリギリだったり、もっと言えば目の中に指を入れてやろうとか、金的を蹴ってやろうと思ったことはない。

というのは、自分は格闘技をスポーツにしていきたいと思っているから。意識として言えば、自分はアスリートにカテゴライズされると思うし、格闘技をメジャーにしたい気持ちがある。

できれば野球やサッカーに並ぶくらいのものになってほしいと思っている。そうやって浮き沈みも少ない世界にすれば、格闘技人口も増えるし、プロとして食えるようになる選手も増えていくと思う。

何度も言うけど、自分は5歳から空手をはじめて、結果的にこうして格闘技で飯を食うことができているわけだから、自分と同じように、今の子どもたちに夢を与えていきたい。

最近は、とくに「BREAKING DOWN」の影響もあってか、手っ取り早くカネを稼いで、影響力を持ちたいと思う不良がそっちを目指すようになった。

細かいことは知らないけど、傍から見ている限り、あのリングは強くなくても、キャラだけ立っていればいい、というような世界観に見える。

本音を言えば、「果たしてそれでいいのかな」と思う。部外者が偉そうなことを言うなと言われるかもしれないけど、あれが許されてしまうと、余計に勘違い野郎が増えてしまうのかな、と正直に言えば心配している。

例えばの話、DEEPや修斗、パンクラスをはじめ、地道に日本の格闘技団体で試合をしている選手は悩むと思う。だって自分より全然弱い選手が急に有名になって、世の中的に「強い」イメージで語られていくのだから、「は？」となるのは当たり前だろう。

そう考えると、良い意味でも悪い意味でも、ちょっとどうなんだろう？　とはなる。

やっぱりリング上は「誰が一番強いのか」。ここに尽きる。

もしこのテーマからハズレた瞬間に、例えば「誰が一番目立つのか」がテーマになってしまった瞬間に、本質を見失う。少なくとも自分は、そこに格闘技の未来はないと思う。

それでも、「BREAKING　DOWN」が試合前のパフォーマンスに特化して、負けたら超恥ずかしいと思うくらいに相手を挑発するから、それなりに対立構造はできあがっていく。

たとえそれで試合がクソつまらなくてもかまわない、という針の振り方はすごいと思う。

第7章——

新格闘技団体「TOP BRIGHTS」の方向性と役割

エンタメかショーか

「対戦相手が決まって、お互いにその試合に向けて相手のことをののしり合うのが理解できない。初めて顔を合わせたのに、『この野郎！』っておかしいでしょう」

ある人がウチの親父と話したら、そんなことを言っていたらしい。

親父は空手を長くやってきた、いわゆる武道上がりだからそう考えるのは当然かもしれない。いや、もしかしたら一般的にはそう考える人が多いのかもしれない。

とはいっても自分の試合はエンターテインメントとして存在している。自分の試合を、決して安くはないお金を払って見に来てくれるのだから、試合そのものもそうだし、試合に至る過程を含め、そういう煽りは必要だと思う。

人気商売でもあるわけだから、人気があるほうがカネも稼げるし、賛否のあることを言ったほうが、いろんな人の目に触れる機会も増えるだろう。そういう意味では言葉の発信力は重要だと思う。

自分はその点では、まだまだ全然、下手クソだし、ここまでどうにかやってきてはいるけど、もっと口が達者だったら、いろんな人を巻き込んでいけるのかもしれない。

過剰に相手をディスったりしないのも、もしかしたらそういう親父の下で育てられたってこともあるのかもしれないけど、その前に、あまりそうやって相手を煽りながら試合に向けて調整していくやり方が好きではない。

金銭的なことを考えれば、もしくは人気にしてもそのほうが上がるかもしれないけど、ここまで空手という武道をやっていて、そういうやり方をとってしまうと、礼儀もない人間だと思われてしまう可能性だってある。

自分の目標であり夢は、どれだけ子どもに楽しんでもらえるか、であり、どれだけ喜んでもらえるかなのだ。

だから、もし自分が少しでも子どもたちに夢を与えていけるのだとしたら、礼儀知らずな強いファイターに憧れを持ってほしくはない。その観点があるから、どうしても相手を過剰にディスったりすることは避けたいし、避けてきた部分はあると思う。何より自分のベースになっている空手を否定することにつながってしまうから、なるべくやらずに行けるならそうしたいと思っている。

もちろん、相手がニランでくれば、ニラみ返すくらいのことはするけど、自分から「テメエ、この野郎！」みたいなことはしないと思う。ただ、表に出さなくとも、腹の中でそう思っているのは、ファイターであれば当然だと思うし、そういう気持ちがなくなった時は、リングを降りる時だと思っている。

アスリート×不良

２０２２年９月25日、さいたまスーパーアリーナでの『ＲＩＺＩＮ．38』で、自分は金太郎戦を闘った。

あの試合は向こうからこっちをニラんできたから、「このガキ！」とは思ったけど、その態度は表には出さなかったし、出ていなかったと思う。

今までの試合を振り返っても、それが表に出てしまいそうになったこともなかったはずだ。試合に関しては常に冷静に、相手のことを「このガキ、今に見てろよ」と思っている。

自分は、試合に関してはロボットみたいな感じで、絶対に感情を入れない。

さすがにデビューして間もないくらいの若い頃は自分の感情に引きずられてしまったこともあったと思う。でも、年齢を重ねて、キャリアを積み重ねていった時に、それはよくないなと思った。理由は、感情に流されると浮き沈みがあるからだ。それがないほうが自分のパフォーマンスを最大限に活かすことができる。だから、そっちのほうが圧倒的に強さを発揮できるとわかった時から、自分は感情を入れずに試合に臨むようになった。

おそらく最近の不良人気を当て込んでじゃないけど、この時の金太郎戦も、そういう見え方の試合を組んだつもりだったのかもしれない。金太郎選手は朝倉兄弟と同じく、元アウトサイダー出身なわけだから。

結果的に金太郎選手は、不良らしい挑発の仕方もしてこなかったし、その点は、彼の人の良さを感じた。

試合の前は、実績の違いから、自分の勝利が確実視されていたけど、いざゴングが鳴ったら、危ない場面もあるようには見えたと思う。

ただ、自分としては全然冷静に対処できたと思っているし、フラッシュダウンがあったとしても、とくに焦りはしなかった。なぜって？　それはわからない。ロボットだからじゃないのかな。たぶん、それも経験値がそうさせるのだろうと思う。要は、「焦るとロクなことはないよ」というデータが自分の意識下に、日々アップデートされているのだろうと思う。

だから、この時もあくまで冷静に立て直したし、頭の中では「ここからどう極めようか」と考えていた。

自分が思うに、金太郎選手の実力はそこまで高いとは思えなかったけど、自分の研究はよくしてきたなとは思っている。実際、一発当てられたわけだから。

自分も試合前には金太郎くんの映像を何試合か確認したけど、ほとんど大振りの試合ばかり。それが自分との試合では、ちゃんとしたストレートを打ってきた。その点は、ものすごく練習してきたんだろうなと思った。

試合前の金太郎選手は、対戦相手の首を切るポーズをしたりもしていたけど、自分の前ではそれをやらなかったし、何気に無理をしているのかな、というのは感じていた。

最もそれを感じたのは、試合前に向かい合った瞬間かな。

もちろん、それでも「テメエ、この野郎！」とこっちは腹の底で思っているし、多少はパフォーマンスがないと盛り上がらないから、最低限その役割はやらないといけないとは思っている。

ちなみにこの試合は、当初は寝技で行く方向で、という話でまとまっていた。ただ、自分としては打撃でもイケると判断したので、セコンドの指示とは違う闘い方を選択した。自分では感情の薄いロボットだと思っているけど、そうやって別の判断をしながら闘うことはある。それでも感情に流されているわけではないし、この時も、それなりに動けたとは思っている。

何より、会場を盛り上げようという意識が打撃を選ばせることになった。

朝倉未来がメイウェザーに勝つ方法

自分と金太郎選手の試合前には、『超ＲＩＺＩＮ』というイベントがあり、そこではフロイド・メイウェザー・ジュニアと朝倉未来くんの非公式試合（事実上のボクシングルール戦）が行われていた。

結果は２Ｒで未来くんが仕留められてしまったけど、未来くんは頑張っていたと思う。非公式試合だから、結果が出ても公式な結果は無効試合になるのかな。パンチも当たっていたしメイウェザーが予想できない、追ってからのパンチとか。倒すまではいかないけど、当たっていたのはよかったと思う。

仮の話、もし未来くんがメイウェザーに勝とうと思ったらどうすべきだったのか。

これは格闘家における一般論の話になるけど、比較的、格闘家のガードは低い。だからもう少しガードを上げて、パンチに対してのディフェンスを覚えたほうがいいのかな、とは思う。

あとは、相手がパンチを打ってきた時に、どこで合わせるか。

というのは、ストレート、フック、アッパーとパターンはいくつかあるにせよ、パンチの種類はだいたい決まっているし、確率的にアッパーは低いだろう、みたいなことを考えていけば、自然と選択肢は絞られてくる。要は、それをもう少し念頭に置きながら、計算して闘うことができれば、多少はこの間の試合よりはいい線に辿り着けるかもしれない。

ちなみにメイウェザーは試合後に「ボクシングのキャリアが同等の相手とは闘わない」と話していると聞いた。要は、自分がほぼ勝てる相手を選んで闘っていると公言してしまっているような感じ。その点はやっぱりムカつくけど、それでも格闘技の試合である限り、実際に闘ってみるまで「絶対」はあり得ない。そう言っておきながら、もしかしたらメイウェザーが負ける時が来るかもしれない。

そして、その場面が見たいのが格闘技ファンの本音でもある。

とはいえ、メイウェザーのやり方を見ていると、非常に効率が良いビジネスではあると思う。

もし自分が引退した後でも、メイウェザー方式の非公式試合でカネを稼ぐ気があるかと言われたら、今はその考えがなくとも、その時になってみないとわからない、というのが本音かな。

花束投げ捨て事件と土下座

メイウェザー×未来戦前に、リング上でメイウェザーに渡すはずの花束を投げ捨てた事件があった。

あれはホント、クソだと思った。

理由はともかく、少なくともあのリングは、あの人の花束贈呈を見るために組まれたわけではない。

あの大会を見に来ているのは、もしくはＰＰＶを楽しみにしているのは、選手同士の激しい闘いなのだから。

なぜあの場面であの人に注目が集まる行為をするのか。理由は知らないけど、おそらく知ったとしても、勘違いをしてしまったことは間違いないだろう。

いい意味でも悪い意味でも、ＹｏｕＴｕｂｅのおかげで生意気といったらおかしいけど、勘違い野郎が多くなってきたのは否定できないと思う。

それと、もし自分が大事な試合前に花束を投げ捨てられたとしても、自分は気にしないと思う。

そんなことを気にしても、なんの意味もない。

だから自分もメイウェザーと同じように、リング上に投げ捨てられた花束をセコンドなりにサッと渡して、淡々とゴングが鳴る瞬間を待つだろう。

その件に関連して、後日、会見上で榊原ＣＥＯが土下座をして謝っていたけど、あまり興味がないから何もコメントする気にはなれない。

でも、主催者側からすれば、メイウェザーはお客さんでもあるわけだから、そこであんなことをされたとあっては、「何してくれてるの？」となるのは当たり前だと思う。

ただ、それを含め、ＲＩＺＩＮが考えたことだからな、とも思うのが今の自分になる。

新格闘技団体「ＴＯＰ　ＢＲＩＧＨＴＳ」の方向性と役割

２０２４年１月に「ＴＯＰ　ＢＲＩＧＨＴＳ」という独自の格闘技団体を立ち上げる。自分も運営側に関わるけど、願望としては「本物思考」の団体にしたいと考えている。

ひとつのきっかけは朝倉未来くんが主宰する「ＢＲＥＡＫＩＮＧ　ＤＯＷＮ」だった。もちろん、格闘技に関するアプローチの仕方は人によって違うから全否定することはできないけど、自分の目から見て、決して格闘技のイメージをよくするものには見えなかった。素人のケンカ自慢同士を闘わせるのはいいとして、試合に至るまでの持っていき方がどうにも下品だと思った。

実は「ＴＯＰ　ＢＲＩＧＨＴＳ」を立ち上げる会見を春に実施して、その後に格闘漫画「刃牙」シリーズを連載している漫画家の板垣恵介先生と会ったら、「ＢＲＥＡＫＩＮＧ　ＤＯＷＮ」の「１分最強」を決めるというコンセプトは、板垣先生の発案だったと聞いた。先生的には相撲に関する話を描いていく中で、１分間という時間が、最も実戦に近い（それ以上だと仲裁も入る）と考えてのことだったらしい。そこに関しては面白い考え方だなと思った。

もっと面白かったのは、先生がＫＩＤさんから聞いた、という話だった。ＫＩＤさんは素人のケンカ自慢同士の対決を好んでいなかったという。たしかにそんな話を自分も聞いたことがある。

実際に板垣先生にＫＩＤさんが言った話だと、「あんなことはジャリチュウでやればいい」と言っていたらしい。自分は思わず「ジャリチュウってなんスか?」と聞いてしまったけど、「砂利《じゃり》の駐車場」らしい。ＫＩＤさんらしい言い方だと思う。

ＫＩＤさんいわく、「あんなのは砂利駐でやれ。リングでやるな」と言っていたとか。やっぱり（リングは）聖域だ、という考え方なんだと思うし、自分もそれは激しく同意する。

せっかく格闘技が正統派の世界観を持って認知されはじめたと思ったら、感覚がヤンキーというか不良を礼賛するようなイベントが大手をふりはじめた。

多少注目されて発信力があったとしても、その辺にいるようなヤンキーが我が物顔をしているのは決していいことだと思わない。

その流れもあってか、最近は強さよりも影響力が先に来るパターンがある、という話を時折見聞きする。

でも、それだと絶対的な強さを持った選手が現れない。口ばっかり達者なヤツが増えても、リングに上がれば、口のうまさは関係ない。
もしかしたらそれなりに注目度もあって、ビジネス的には悪くないのかもしれないけど、そこは分けてほしいと思う。

ただ、もしも「ＢＲＥＡＫＩＮＧ　ＤＯＷＮ」が結果的に格闘技を見る人を増やすことに貢献しているのであれば、それもひとつの手段なのかなとも思う。であれば、そこから「本物思考」の「ＴＯＰ　ＢＲＩＧＨＴＳ」を見るきっかけになればいいわけだから。

それと自分が考える「ＴＯＰ　ＢＲＩＧＨＴＳ」の方向性のひとつに、地域密着型を視野に入れている。

実際、２０２４年の年頭に予定している旗揚げ戦は自分の地元・群馬県での開催になった。考え方としてはＪリーグの浦和レッズを例に取るとわかりやすいかもしれない。

浦和レッズは、埼玉の浦和という地域に根ざして、独自のチーム活動を展開している。自分はあれを、格闘技団体でやれないかと思っている。

だから、もしかしたら「ＴＯＰ　ＢＲＩＧＨＴＳ」もそのうち、「ぐんまＴＯＰ　ＢＲＩＧＨＴＳ」とか「高崎ＴＯＰ　ＢＲＩＧＨＴＳ」とかいう名称に変わっていくかもしれない。それによって、その地域の方や企業、行政が選手や団体を応援しやすくなるのであれば、自分はそれでいいと思う。

地域に根ざした上で、修斗やパンクラス、ＤＥＥＰといった他の格闘技団体と交流していければ。

そうやってひとつひとつ地盤を固めながら、底辺を拡大していく。それが「ＴＯＰＢＲＩＧＨＴＳ」の役割のひとつになると思っている。

減量について

今年、２０２３年、契約体重に向けて体重を合わせようとした格闘家が一人亡くなった。いわゆる減量苦。

詳しいことはわからないけど、減量に関しては、絶対に一人でやってはいけないと思う。誰か一人はその選手を見ていないと。付き添いをつけてやらないと危ないからだ。

今回の不幸な事故で思ったことはそれだけ。

今のあり方や風潮を叩いている声もあるらしいけど、自分は今後の話をしたほうがいいと思う。

自分の場合は、いつもはＡＴＴのマイク・ブラウンがその役をやってくれている。

もしマイクが難しい場合は、例えば自分の兄貴と一緒にやることもある。

体調管理に関しては絶対に誰かついていたほうがいい。

結局、自分の人生はすべて最後は自分で決める。だって自分の人生なんだから。

だったら、その階級を選んだのは自分。であれば、契約体重に向けて減量するのが当たり前になる。

自分で決めた約束事なのであれば、守らないといけない。

日本人は全体的に決まったことをキッチリこなす人が多いから、そうではない人を叩いたりする。

ただ、人間である限り、誰にでも間違うことはある。

だから最悪、契約体重にまで落ちなかった場合は、「すみませんでした」と謝るしかない。

少なくとも自分は、それでいいと思う。それで叩かれようが何をされようが、無理だと決めたのも自分なんだから、謝って、次からはそうならないように徹底すればいい。

何度も言うけど、他人の人生じゃない。あくまで自分の人生。自分が決めたことを他人がとやかく言うのは勝手だけど、そんなことはどうでもいい。

他人にどう言われるかなんてことは考える必要はない。

常に自分ファースト。自分がやれると思えばやればいいし、できないと思えばヤメればいい。ただそれだけ。

すべての物事に関して言えることだけど、自分はその人がどれだけ腹をくれるか、という話だと思う。

ステロイドの使用問題

最近、ステロイドを使用していたと木村〝フィリップ〟ミノル選手が告白した。

自分はプロの「ファイター」なので、すべて自己責任だと思っている。

減量の時に契約体重を決める話と同じで、ステロイドを打つと決めたのも自分だし、告白したのも自分だと思う。

でも、正直なことを言うと、正々堂々とやれないなら、この職業を選ばなきゃいいのに……と思ってしまう自分もいる。どれだけ弱いんだろう、気持ちが……と思ってしまう。

ただ、だからといって叩いてもいいとなったら、みんなで寄ってたかって「こいつが悪い」と叩くのが自分は好きではない。

別にそれが誰だろうと、叩きたければ叩けばいいとは思うけど、そういうやり方はどうなのかな、とは思う。

　本音を言えば、そういう選手は出禁にしちゃえよとも思う。そうすれば、叩かれる前に出禁だから、「じゃあねえ〜！」って終われる気はする。

　それぞれの団体の考え方次第だと思うけど、自分が運営側にいたら使わないだろう。でも、それが認められる団体もあると思うから、そっちに行けばいいだけの話になると思う。

　木村選手の場合、謝罪会見までやったのに、いろんな会場に来て、調子に乗った行動をしているのは、自分の立場をわかってないからじゃないのかな。それはそれで彼のいいところかもしれないけど、少なくとも自分は「どうなのかな？」と思ってしまった。

　それとＲＩＺＩＮの榊原ＣＥＯにしても、かなりキツい口調で批判をしていたけど、プロモーターなので、どこかのタイミングで木村選手を使いたい、という気持ちは捨てていない気もする。興行である限り、話題をつくらないといけないのも理解はできる。

　これは架空の話になるけど、もしステロイドの使用がＯＫだった場合であっても、自分は使わないと思う。

　理由は、やはりカラダのことを考えているから。どんな副作用が出るのか知らないけど、ステロイドの使用は、カラダを蝕《むしば》んでいくと思う。自分は引退したら毎日、釣りばかりしながら、楽しみながら死にたいと思っている。もちろん、そう言いながら、自分もすぐに死んじゃうかもしれないけど（笑）。あくまでも夢はそこだと思っているから。あ、もちろん医師に処方された医療用ステロイドの話はまた別だけど、それだって自分らの職業の場合は細心の注意をしなければいけないのかもしれない。

それでも、もし副作用のないステロイドが開発されて、それが法律上認められているとなったらどうするか。

もし自分の現役中にそんな時が来たら、その場合は自分も使うのではないかと思うけど、果たしてそれはステロイドなのかな……？

堀口恭司×井上尚弥が実現したら……

「元々、世界一強い選手よりも世界一稼げる選手になりたいと思っていた」

最近、朝倉未来くんがそんなことを言っていたと聞いた。

自分は、「世界一強くなることが世界一稼げる」と思いながら格闘技一本でやってきた。やっぱり格闘技の世界にいる以上、強さ＝ファイトマネーの金額で競っているのだと思う。

それは、例えばプロボクシングでは負けなしのフロイド・メイウェザー（5階級制覇）を見てもわかるし、メイウェザーだけはファイトマネーの金額が違うといわれている。プロボクシングの世界では井上尚弥選手だって、日本人の世界チャンピオンの中ではひと桁なりふた桁なり違うファイトマネーを稼ぐと聞く。

それと詳しくは知らないけど、たとえ未来くんがン十億円稼いでいたとしても、それは格闘技で稼いだわけではないと思う。だからそこは一緒ではないと思うけど、要は、日本にはそういう舞台がないだけなのかもしれない。

裏を返すと、日本にそういう舞台があれば、展開の仕方も変わってくるとは思う。実際、井上尚弥選手のように世界に出れば、プロボクシングはそのくらい稼げると聞くから、そうなれば未来くんがどうとかじゃなく、そっちに懸ける人は増えるだろうと思う。

事実、自分だってプロボクサーになろうと思ったこともあった。

だけど、せっかく強くなろうとして、クソ真面目にやっているのに「ボクシングは総合格闘技（ＭＭＡ）には勝てないよ」と言われた時に、その時の自分は、そりゃあそうだろうなと思った。

自分は〝競技〟として強くなりたかったんじゃなくて、あくまで〝人間〟として、〝生物〟として強くなりたかったから。

だから自分は迷わずＭＭＡを選んだ。

ボクシングに限らず、カラテにしろ、キックボクシングにしろ、ＭＭＡに比べてリング上での禁止事項が多い競技は、そこが許せなかった。

ここからは架空の話になるけど、もし自分がボクシングの道を選んだとしたら、自分の性格上、常にトップを目指しているので、世界チャンピオンにはなりたいなと思うだろう。

ただ、実際に世界チャンピオンになれるかと言えば、自分がMMAで世界チャンピオンになるための厳しさを知っているだけに、軽々なことは言いづらいけど、人間やってやれないことはないと思っている。だからまあ、なっているんじゃないのかな？（笑）。

ただ、架空の話とはいえ、自分と井上尚弥選手の対戦が実現したら……？　と聞かれたら、「そこと比べちゃうと、そこはまた別ですよ（笑）」としか答えられない。

無鉄砲がいいほうに転がるパターン

最近、「Breaking Down」に出ている選手が、魔裟斗さんの名前を出してケンカを売ったことが話題になった。たぶん魔裟斗さんの名前を出した子も、実現するかどうかより、売名行為で数字を稼いだっていう話なのかもしれないけど、いい意味でも悪い意味でも、どんどん日本人的なリスペクトみたいなものがなくなってきている気がする。「自分が自分が……」だけになっちゃうと、日本に対して身勝手なことをしてくる、どこかの国のやり方と変わらねえなって思えてくる。

たとえ数字を求めるにしても、やり方はあるんじゃないかなとは思う。なんていうのかな。やっぱり人として入っちゃいけない〝線〟ってあると思う。そこが全然わかっていない子が増えていくのはどうなんだろう（苦笑）。そもそも、なぜそこにケンカを売るんだろう？

引退している、そこそこいい年齢の魔裟斗さんに、リスペクトもなくぶっ飛ばす、なんて、何を言っているの？　って周りが面白くないと思う。もちろん若い時はある程度、空気を読めないのもしょうがない場合はあるし、「若気の至り」じゃないけど、若い時は何もわからないから突っ走るしかないのかもしれないけど、いくら空気を読めないといっても読めなさすぎはダメじゃないのかな。少なくともそのやり方だと人気者にはなれなくて、嫌われて終わってしまう気がするし、たぶんだけど、そのやり方は、なかなか共感を得られないと思う。

それと、師匠に当たる朝倉未来くんからしても、いろいろと疑われてしまわないのかな。もしかしたらその子からすれば、「Ｂｒｅａｋｉｎｇ　Ｄｏｗｎ」に引退しているような選手が出はじめたから、っていうのもあるのかもしれない。でも、いくらその子がやらかしたことでも、それを世に出した未来くんが悪いと言われることも出てきてしまうだろう。

そう言いながら、自分の人生を振り返ると、自分が山本〝ＫＩＤ〟徳郁さんの弟子になった時は、ＫＩＤさんがどうというよりも、自分が何かをやらかせば、大なり小なり周りには迷惑がかかるだろうな、とは漠然と思っていた。だから、そういう生き方は自分はしないと思ってはいた。

もちろん、そんなことを言っている自分だって、もしかしたらそれなりに迷惑をかけてきているのかもしれない。ただ、そうは言っても許容範囲内だったはずだと、自分では思っているけど、本当のところは自分にはわからない。それは自分じゃなくて、周りが評価するものだと思うから。

かといって、もう今の時代になると、ＳＮＳまで管理することはできないと思う。だったらどんな対策があるのかというと、そもそも論に立ち返って、「国を建て直せ！」と思ってしまう。まずそこが一番じゃないかと思う。税金ばっかり上げていないで、まずはそこに政府が予算を投入する。

こんなことを言い出すと、「みんなが選挙に行かないのが悪い」という声も上がるけど、選挙に行かないように仕向けているのが今の政府のやり方じゃないかと思ったりもする。本当に投票率を上げたいなら、そうさせるだけの戦略を考えればいいと思うけど、積極的なことを打ち出してないし、みんながみんな、自分の財布の中身のことしか考えてないように思える。だから自分は、普段アメリカにいるけど、「何やってんの、日本は！」って思うことが時たまある。

だから、ここに書いた問題は、格闘技の問題というより、日本の教育問題なんだと思う。

なぜかと言うと、自分の考える格闘技は、至ってシンプル。勝てば数字は稼げるし、負ければ終わり。そういう世界に自分はいる。

そういえば格闘技にも、場合によってはそういった無鉄砲な発言が、いいほうに転がっていくこともある。例えば（元ＵＦＣ王者の）コナー・マクレガーなんて、フロイド・メイウェザーにケンカを売って、その試合が実現（ボクシングルール）してビッグビジネスになった。

マクレガーみたいにＵＦＣのチャンピオンになって、他のジャンルのチャンピオンだったメイウェザーの名前を出すのは、まだいい気がする。まあ、自分はそのやり方はしないけど……。

第8章

「最強」の定義を考える

「ファイター」は何が起ころうと闘うのが仕事

これを書いている時点ではまだ、正式に発表されていないけど、大晦日にさいたまスーパーアリーナで開催されるＲＩＺＩＮに、出ることになると思う。

たしかに地上波でのテレビ中継はなくなったけど、なんだかんだ言いながらも大晦日っていう舞台は特別なものだし、日本人にとっては、その日だけは家族みんなが家のなかにいて、テレビを通じて試合を見られるんじゃないかなと思う。

最近はネット配信をテレビ画面で流すことも容易にできるようになったし、やっぱり特別なものとして考えてよい気がする。

もちろん自分がそこに出るとなれば、相手が誰であろうと、しっかりと勝ちに行く。

最終的に対戦相手は、「超ＲＩＺＩＮ２＆Ｂｅｌｌａｔｏｒ」（7月30日、さいたまスーパーアリーナ）で無効試合になった、神龍誠選手になると思う。

あの時はＢｅｌｌａｔｏｒ初代フライ級タイトル王座決定戦になったけど、今回もそうなるのかはまだ聞いていない。

ちなみに夏にあった神龍戦は、自分の指が神龍選手の目に入ってしまい、開始25秒で試合が止まって、結局は無効試合になった。

試合後のインタビュールームで「逆の立場だったら?」とメディアの方から質問をされたので、「自分はやりますね（笑）。自分はアホなんで」と答えた。

もちろん、故意にではないにせよ、自分が発端でそういう結果になってしまったことは申し訳なかったとは思うし、その部分に言い訳をする気はまったくない。

とはいえ、自分の仕事は「ファイター」だと思っている。自分の考える「ファイター」というのは、何があろうと闘いをまっとうすることだと思う。実際、過去には試合中に金的攻撃をされたり、バッティングで意識を失ったりしたこともあったけど、それでも自分は試合を続けている。

理由は、何度も言うけど、自分がアホだからだと思う。アホだから「ファイター」になれたし、闘いを仕事にできていると自分は思う。

ただ、「ファイター」だからこそ、相手がいなければ成り立たないことも知っている。だから、大晦日は自分の考える「ファイター」をまっとうするような試合をして、しっかりと勝ちに行こうと思っている。

今後は神龍選手を含め、自分より年齢的に若い選手との対戦が増えていくのかもしれないけど、結局は「ファイト」なので年齢なんて関係ない。どうやって相手を攻略しようか。それだけ。だから相手の年齢がどうであってもまったく気にしてはいない。

ちなみに今回は短期決戦になるのかどうかについても決めてはいない。ただ、決められた時間制限の中でしっかりと仕留めに行きたいなと思っている。

それとフライ級で闘うことに関しては、減量がちょっとだけキツくなるくらいで、何も変わらない。そんなものは一瞬キツくなるだけなので、と思っている。

逆にバンタム級時代と変わっていることはといえば、相手がちょっとちっちゃくなっただけじゃないのかな？

まとめるなら、大晦日は前回と同じく、ぶっ飛ばしに行く。それだけ。

日本ではよく眠れない

アメリカに渡ったおかげで、日本にいると無駄に入ってきてしまうような情報を遮断することができる。

日本にいると、入ってこなくていい情報に時間が取られてしまう場合があったから。だったら自分は練習をしたいし、愛犬のロイとの時間を楽しみたいし、趣味である釣りの時間を満喫したい。

やっぱりそれは子どもの頃から空手をやり続けてきたから、その流れに自分の身を置くのが自然だと思っているからだろう。たまに日本に戻ると、その流れが乱れてしまう。

もちろん、家族の顔を見られたりするのは嬉しいけど、それはそれ。たまに会うだけで十分というか、それで練習の時間が減って、おろそかになってしまうことは、家族だって望んでいないだろう。

ちなみに自分は日本にいる時はよく眠れないことが多い。仮に取材が何件かあったり、その他の仕事が入っていたとしても、気疲れはするものの、肉体的な疲れとは違うから、カラダが睡眠を欲しないらしい。

そういう時は事務所の人たちとカラオケに行って、3時間くらいは歌い続けて、強引に肉体的な疲れを呼び込むこともある。無駄と言えば無駄かもしれないけど、たまにであれば、それもアリだと思う。

自分はとくに好きなアーティストがいるわけではないから、そこにこだわりはない。歌う時はどんな曲でもいいと思ったら歌う。

基本は毎日練習する。試合が決まれば試合に向けた練習をする。

そんな生活を、ずーっと子どもの頃から続けてきた。

プロになってからは、それぞれの試合の契約体重を維持するためにそんな生活を続けてきた。

仮の話、もし40歳まで現役を続けたとしたら、あと7年くらいはそれが続くことになるけど、常識的に考えれば、現役を引退してからの時間のほうが長いわけだから、どこかのタイミングで体重を気にせずに生きる瞬間が来るのだとは思う。

ただ、自分は食べないと筋肉量が減って痩せてしまう体質で、基本、あまり食べ物をそこまで摂ることもない。だから、現役を辞めたら細くなってしまうのかな、とは考えたことがある。

だから、辞めたら辞めたで、健康のために筋トレくらいは続けるだろうと思う。

人生の無駄とは何か？

自分は2歳上に兄貴がいたから、兄貴のやってきた道を追いかけながら進んできた。空手にしてもそうだった。

だから、自分で新しい道を切り開くなんてことは考えたことがなかった。

結果的に自分が初めて、兄貴とは違う道を歩むことになったのは、プロを目指そうと思った時になる。

自分が思うに、自分の人生が成功しないと悩んでいる人は、あきらめが早い人のような気がする。

例えば、これは自分が弟子を取るかどうかの話をした時にも書いたけど、弟子を取りたいと思っても、その人が成功するかどうかを見極めることは本当に難しい。最低限、人としての挨拶や礼儀がなっていない場合は論外としても、それをクリアしたところで、こちらが課した、それこそ最低限の基礎体力を保つ練習だったり、走り込みだったりを誰もやってこない。自分からすれば、そこまで難しい課題を与えていないのに、それができない人ばかり。

だから実際に会って、イケると思っても、うまくいかないことが多い。

その程度であきらめちゃうの？

そう思うことがこれまでに何度もあった。

少なくとも自分がプロになると決めた時には、これで死ねるならそれでもいいと思ったし、誰に反対されても意志を曲げなかった。

おそらく、そのくらい腹をくくれるようにならないと、どこへ行っても成功しない気がする。

アメリカに渡ると決めた時も、やっぱり周りには反対されたけど、自分は行くことを決めた。

それが過去にあまり例がないことで、道を切り開くことにはなったのかもしれないけど、最初から切り開こうと思って実行したわけでもなんでもない。ただ単に、結果がそうなっただけ。

もちろん、成功するに決まっているとは思っているけど、そこに保証みたいなものがあったわけでもない。

それでも自分はチャレンジしようと決めた。

日本人の中にはビビッてしまう人が多いのか。チャレンジをしない人もいるけど、そんなのはそれこそ人生の無駄だと思う。

周りに叩かれるからってビビりすぎてどうするの？

チャレンジに失敗したら叩かれる？

そんな声、ほっとけばいいじゃん、と自分は思う。

足を引っ張りたい人は腐るほどいるけど、成功するのはほんのひと握り。だったらお前はどっちになりたいの？

そんなどうしようもない人たちのことを考えてもしょうがない。

そう自分は考えている。

たしかに、今はＳＮＳが普及しているから、誹謗中傷なんてよくあるのかもしれないし、それで自殺してしまった人もいる。

それでも、自分はなぜ気にするんだよ、と思う。

なかには繊細な人もいるだろうけど、それが前例がないことであればなおさら、必ず足を引っ張る人が出てくる。

その場合、ある程度はしょうがないと気にしないこと。だってその道を歩もうと思ったのは自分。自分でその道を選ぶことを決めたわけだから。

もしそれでも足を引っ張る輩がいたら？

簡単だよ。

面倒くさいことは考えないで生きる！

そんな面倒くさいことを考えている時間も暇も、自分には持ち合わせがない。

いかにシンプルに考えるか

前にも書いた通り、自分は感情の起伏が激しくない。

喜怒哀楽に対して無頓着というか、妙に冷めているところがある。

とはいえ、参考までに最近、嬉しかったことを書いてみると、釣りをしていたら、めちゃめちゃデカい魚が釣れたことかな。

もちろん嬉しかったのは一瞬だけ。いわゆる、強いてあげればの類の話だけど、自分にとってはそれが嬉しかった。

逆に、怒りを感じたことは？

そう聞かれたとしたら、自分はこう答える。

「自分は、あまり怒りを感じないんです」

だから、怒ることがない。

誰に限らず、たまに、怒っている人を見かけることがあると思う。

そういう人を見ていると、怒ったところで何も解決されないんだから、怒ってもしょうがないのにな、と思う。もし怒りを感じることがあったら、いかにそうならないようにするか。その解決策を考えるようにする。

何事も効率重視というか、非効率なことが好きではない。

これも以前書いた通り、いかにシンプルに考えるか。

常にそう心がけていると、自然と効率的なことを考えるようになる。

さっき何事も、と書いたけど、もちろん自分も、人生において効率的でないことも散々経験してきた。

だから時期によっては、効率的でないことが必要な時期があるのかも。

例えば「心・技・体」とよく言われるけど、体力がまったくない時期に技術を覚えても、その技は効率的に使えないことがある。だから、まずは体力をつける。そのために例えば10キロ走る。なぜ10キロも走らなきゃいけないのか、なんて考えない。

だってその程度の距離を淡々と走れる体力もないのに、その先に進もうなんて、それこそ非効率でしかない。

だから、目の前の非効率なことを超えるから、その先にある効率を手に入れられる場合があること。それを考えながら効率を求めなければならないと思う。

目的は強くなること。試合に勝つこと。

そのためにはそれ以外のことに手を出している余裕はない。

もしそういう人がいるとしたら、勝つこと以外のことが好きなんだと思う。言い換えれば、本当に勝ちに行ってないんじゃないのかな、と思う。

ともあれ、先にも書いたように、自分には感情が欠けている部分があることは認める。

無感情、と言ってもいいような部分がある。

それは、今にはじまったことではなく、昔から薄いような。

これは誰でもそうだと思うけど、年齢を重ねるにつれて、どっかで体験したことばかりが多くなる。要は初体験の数が減っていくから刺激が薄れる生活を送ることになる。

その結果、無感情になっていくのかもしれない。

ルーティン

イチロー選手は現役時代、毎朝、鈴木家特製のカレーを食べていた、と聞いたことがある。

しかも例えば右足から打席に入って、打てた時は、次の打席もまた右足からバッターボックスに入り、打てなかった時は左足から、ということもやっていたそうだ。

要はカレーの話はイチロー選手なりのルーティンワークで、打席に入る話はゲンかつぎになる。

おそらく自分の信じているものがあるのだろう。

いかに自分を舞い上がらせないようにするか。人によって成功体験があるわけだから、それをやれば勝てる・打てる。そうやって自分を信じるための方法を実践していたのだと思う。

そこで自分の話になるけど、自分には一切そんな儀式やルーティンのようなものはない。

リングに入る時の足の入れ方も気にしたことがないし、プロテインやバナナを除けば、毎日食べているものがあるわけでもない。

強いて言えば、日本にいる時は、試合前に墓参りをしたりしたことがあったけど、今はアメリカで暮らしているからそれをできるわけでもない。

要は、自分の場合はその行動をしなくても自分を信じているから、そんなルーティンなんていらないと思っている。

他の方は知らないけど、自分の場合はただそれだけ。

そういうゲンかつぎやルーティンみたいなものがない。

それがリアルな回答であり、現実であり、事実になる。


こんな言い方をすれば、夢がなくなるのかもしれないけど、あえて言うなら、自分の方法を取り入れたいと思っている人がいたとしても、夢見がちな人や夢見がちな子は参考にしないほうがいい。

「最強」の定義を考える

世の中には「最強」に関するいろいろな考え方がある。

ＵＦＣ王者だと思っている人。

アメリカ大統領だと思っている人。

なかには母親こそ「最強」だと思っている人もいるし、どれだけワガママを貫き通せるかを「最強」だと思えば、赤ん坊こそそれにふさわしいと考える人もいる。

そこで、自分の考える「最強」はというと、それは弱い人をどれだけ助けられるか、だと思う。

そういう人たちに夢を与えたいとか、つまらないと思いながら人生を送っている人に面白さを与えたいとか。

そんな感じだから、「俺が最強だ」なんてことはまったく思わない。

ハッキリ言って、自分のことはどうでもいい。

もちろん毎日、勝つことだけに集中して頑張ってはいるけど、自分が勝つことで、どこかで誰かに勇気を持ってほしいし、一人でも多くの人に喜ばれたいと思っている。

当然、自分だってお金は稼ぎたいけど、それ以上に子どもの頃にＫＩＤさんたちにもらった夢を、どうやって次の子どもたちにつなげていけるか。そっちのほうに重きを置いている自分がいる。

人間なんてしょせんいつかは死ぬ。長生きしても１００年も生きれば御の字。だったら自分がもらった夢をいかにつなげていけるか。

それこそが「最強」なんじゃないかと思う。

ちなみに自分にはまだ子どもはいないけど、もし誰かとの間に子どもができるにしても、その前に、日本ではなく、アメリカで練習しかしていない自分の生活に順応して、対応してくれる人はいないと思う。だって四六時中、ずーっと練習だけ。おそらくなんの相手もできない自信がある。

やっぱり人間だし、ロボットではないから、いろいろ考えるとその部分は簡単にはいかない。

もしかしたら唯一、自分が難しいと考えていることかもしれない。

例えば、自分が選んだ女性と「結婚」しても、どこかのタイミングで行き違いがあって、自分が練習するための時間に、それ以外のことを考えることが増えていったとしたら、せっかく自分が子どもたちにあげられてきた夢もそこで終わってしまうことになる。

そしたら、そんなリスクを背負ってまで、一人の女性にかけるなんてことは、少なくとも今の自分にはできないけど、この考え方も変わることがあると思う。

自分の人生のすべてを懸けてやってきたことが、その女性と知り合ったことで終わってしまうとしたら、なかなかその一歩を踏み出せる自信が今の自分にはないが、この考え方も臨機応変に変わるような気もする。

中間を取ることができない

例えば、自分はプロの「ファイター」なので、試合をする際には必ずファイトマネーが計上される。

もちろん、金額は高いに越したことはない。それが自分の今後の糧になるわけだから、

１００万円より1千万円、１千万円より1億円、１億円より10億円、１００億円……と、自分に対して、出せるだけの金額を出してほしいと思っているのが本音である。

だから1円でも高ければ嬉しいけど、実はそれと同じくらい嬉しいと感じるのは、周りの人たちが喜んでくれることだ。自分はそこに一番の幸せを感じる。この部分だけ受け取ると、いい子ぶっているように感じるかもしれないけど、おそらく自分は真っ当に見えて一番アホだと思っている。

アホと言うよりヤバい。

なぜかと言うと、自分はそれを口で言っているだけではなく、実行しようとするから。おそらく、自分と同じくらい、自分の口にしたことを実行しようとする人は少ないだろう。それはそのほうが人間関係にあつれきを生じることが少ない気がするから。

では、実行しようとすることのどこに問題があるように思えるのか。それはその目的を達成するためには、目的の障害となるものを極端に受け付けなくなる傾向があるからだ。だから、ちょっと変わり者という感じで受け取られることがある。

これは自分の性格的な部分なので、今さら変えられないと思っているけど、例えば、先にも述べた「結婚」にしてもそう。それは自分の目的の障害となる可能性が高いと思えるから、今のところ、受け付ける気はない。

それはダメ、だったらいいよ、みたいな。

いろいろと白黒をつけてしまうというか、キッパリ線引きをしてしまう。

ここまで何度も書いてきたけど、自分はアメリカに行って練習すれば強くなれると思ったからそうした。

行くしかないのであれば、いろんな言い訳をつくって、言い換えれば、行けない理由を見つけているのは無駄でしかない。

言い訳をしているヤツはどこに行こうが言い訳をする。そんなヤツはどこに行こうと強くはなれない。そんな簡単なこともわからないのであれば、格闘技には向いていない。

考えている時間があるなら、とっとと渡米する準備をして、1秒でも早く渡米する。そんなシンプルすぎる話を難しくするのであれば、「本当に強くなりたいと思ってる？」と聞きたくなる。

答えは至極単純だから。本気か本気じゃないか。その中間の答えは求めていない。迷ってどうのこうの、なんて絶対に思わない。

なぜそんなに回りくどく考えてしまうのか。自分はそっちのほうが理解に苦しむ。

単純明快。やるかやらないか、だけ。

少なくとも自分は有名になりたいのではないし、チヤホヤされたいわけでもない。

強くなりたいし、試合に勝ちたい。それによって応援してくれる人たちを喜ばせたい。

要は、中間を取ることができない性格なのだろう。やるならやる、やらないならやらない。やらないことは一切やらない。そんな感じで、キッパリしすぎる傾向があるから、揉める時は揉める（笑）。

この性格は子どもの頃からそうだったのか、いつからそうなったのか。それは自分ではなく、両親に聞いてみたい気もする。

ちなみに自分は赤ん坊の頃、母親に抱かれると安心したり笑ったりはしても、親父に抱かれると必ず泣いていたという。そもそも親父はあまり家にいることがなかったし、たまに抱かれても、赤ん坊の自分には信頼できると思えなかったのだろう。

ただ、そんな自分が一番影響を受けてきたと思えるのは、親父だったと思う。

昔からぶつかることも多かったし、今でもぶつかることがある。

おそらく自分の性格が親父と似ているから、それが原因なのだろうと思っている。

もし格闘技と巡り合わない人生だったら……

現役生活はあと10年とは思いつつ、どこかで現役を辞める時は来るのだから、自分なりに準備をしていることがある。例えば、会社をつくって、何かをはじめたりする、というのもそのひとつ。

たしかに、自分は自分のことを「アホだから」と話すし、「堀口はバカだからこれしかできない」とイメージ化されているのかもしれないけど、こんな自分でも将来的なことを計算できる頭は持っている。ただ、親父は「まずお前の役割を考えて、そこに集中しろ」というタイプだから、時々、意見が衝突することはある。

自分もいずれは結婚して子どもをもうけたいとは思っているけど……、それがいつになるのかなんてまったくわからない。それでも、子どもができたら武道を習わせたいし、ある程度は強い子どもに育ってほしい。だから、その手伝いはしたいと思う。というのは、弱いと何も決められないけど、強いと最低限のことを決めることができる場合が多いからだ。

これは他のところでも書いたと思うけど、今は学校の先生でも叩いちゃいけない教育だから、その分、痛みをわからないまま子どもが大きくなってしまうことがある。自分はそこには反対で、人の痛みをわかる子どもに育ってほしいと思っている。

人間は哺乳類に属しているわけだから、やっぱり「動物」にカテゴライズされる。決して「植物」ではないわけだから、その場その場の危機管理能力を保たなければ、危険な目に遭うことも出てくるだろう。だとしたら、小さい頃から動物的勘を研ぎ澄ませていなければ、その感覚は決して育ってはいかない。

必要以上に不良に絡まれたり、背負わなくていい借金を背負わされたりすることがあるかもしれない。

自分の場合は、空手をやっていたおかげもあって、人の痛みを知る機会は他人よりも早かったと思うし、そのおかげでここまで来ることもできた。

だから、もしも空手に巡り合わない人生があったとしたらどうなっていたのか……。

おそらくクソヤンキーになっているのかな。

それなりに体力があって、さしてやることもないと思っていたら、そっちの道に進んでしまったかもしれない。

もし格闘家として成功していなかったら……

自分はプロの格闘家になると決めた時に、成功しなかったらどうするか、と考えたことはない。

それは、自分ならイケるに決まっていると思っていたから。

そう考えると、やっぱり思い込みは重要だってことになる。だってその段階ではなんの根拠もないわけだから。

うん、思い込み、めちゃめちゃ重要。いや、思い込みというより、やっぱりそれは自信なんだと思う。

同じ人間。他の人にできて、自分にできないことはない。

自分はいつもそう考えてここまで来た。

だから、みんなやればできると思うし、仮の話、「自分には才能がない」と考えた人がいたとして、それを自分ができないことの理由にしているのであれば、その考え方自体が言い訳にすぎないと思う。

たしかに、なかには本当に才能がない人もいるだろう。

でも、そんな人でもやり続けていれば、それなりのカタチにはなっていく。自分だって「俺は格闘家として才能あったな」なんて思ったことは一度もない。

ただ、人よりは格闘技に対していろいろ考えたかなとは思っている。あとはやっぱり練習はたくさんしてきたから、それが自信につながっているのだと思う。

だとすると、練習には質を重視する時期と量を重視する時期があることがわかる。

だから根拠のない自信に到達するには、ある程度の量や数をこなすこと。それが重要なんだなと思う。

自分がＲＩＺＩＮに初参戦した時は26歳だった。そこから、自分なりにやるべきことをやってきた結果、今がある。

その間もそれまでも、そしてその後も、自分は強さを求めてきた。

もちろん日本の格闘技を盛り上げたい気持ちもあるし、自分が日本に戻ってきた大きな理由は、空手の師匠である二瓶先生に自分の試合を見せたい思いが強かった。

その二瓶先生が２０２０年に亡くなって、日本の格闘技界でも、朝倉兄弟をはじめ、それなりに選手が育ってきている。

そう考えた時に、自分の役割は、ある一定の部分では果たしたなと思った。

それと、強さだけを求めた時に、やはり日本の格闘技は、今、世界一の強者が集まってくる舞台ではないと思う。

日本人の自分としてはそう思いたくない部分もあるけど、それが現実であることもたしか。

やはり海外、とくにアメリカにはものすごく強い選手が自然と集まってくる。

自分は今、Ｂｅｌｌａｔｏｒの契約下にある選手ではある。

その状況を知っている人ほど、ＵＦＣへの再挑戦がいつになるのかを知りたいと思っていることも知っている。

もちろん、自分にその気がないわけではないものの、やっぱりプロである以上、それなりの条件が必要になってくると思う。

自分としては、ファイトマネーの金額を含め、より自分を高く評価してくれる人たちの下で試合がしたい。

それは自分に限らず、誰しもがそうだろうと思う。

最近、ようやく海外でも軽量級に注目が集まるようになってきたけど、自分がＵＦＣと再契約しなかったのは、やはり条件面での折り合いがつかなかったから。

とくに、０の桁がひとつ違っていたりすると、なかなか難しい場合も出てくる。

とはいえ、人生はお金がすべてではない。それよりも、自分は周りの人たちを喜ばせたい気持ちが強いし、アメリカに来て以来、一番お世話になってきた人たちに対して恩返しがしたい気持ちが強い。だからその人たちが望むことが自分の望みになっていく。

もちろん、日本で応援してくれている人たちに対しても、同じ気持ちがある。

それはなぜか。

いつだったか考えたことがある。

その結論を簡単に言うと、自分の喜びなんて一瞬で終わってしまうけど、周りの人たちが喜んでいると、それなりに長い間、自分も喜べたりする。だから短期か長期かの話。結局、笑顔の数は多いほうがいいし、時間はなるべく長いほうがいい。

それがあると思うから、キツいことやツラいことでも乗り越えられることが多い。

だから今後は、そういう人たちの意見を踏まえた上で、いろんなことを判断していくことになると思う。

あとがき　自分が求めているもの

ここまで何度か書いてきたように、自分は感情の起伏が激しくない。

そんな自分のことを本にしても、超つまらなくなってしまうと思う。

なぜなら、こんなに大変な思いをして頑張って勝ち取ったものだ、という感じで自分の体験してきたことを語ることが苦手だからだ。

だからこの企画をもらってから、何度も「絶対に面白くならないですよ」と、この本に関わった方々に言い続けてきた。

絶対に活字としての醍醐味に欠けるだろうと。

たしかに、自分を「堀口恭司」というひとつの商品だと考えれば、価値をつけるのは大事なのかもしれない。

でも、自分はそれをどこかで無駄というか悪だと思っている。

そんな妙な価値をつけるから、「自分には堀口さんのようなことはできない」なんて言う人が出てきて、結果的に挑戦をする人が減ってしまうのではないかと。

萎縮する必要なんてまったくないはず。

そういう流れが自分は嫌だから、物事に対して「ＹＥＳかＮＯか」「難しく考えるなよ」とシンプルに考えることを力説することもあった。

自分の場合は、同じ人間がやっていることだから、価値をつけなくても、淡々とやっていれば正解に近づけるよ、上に行けるから心配する必要はないよ、ということを言葉よりも背中で見せたいタイプなのだと思う。

そういう意味では、打ち出し方はプロ向きではないのかもしれない。

本来はプロとして、もう少し鎧《よろい》をまとうというか、包み紙を工夫したり、パッケージをおしゃれにしたほうが、「堀口恭司」という商品そのものを広められるのかもしれないけど、どうにもそれが苦手というか、包み隠さずにありのままを出してしまう。

さて、自分は過去に、何度もオーバーワークと思えるような練習をしてきた。

今はＡＴＴの人たちと相談しながら練習をしている部分もあるので、そういったことは減ってしまったけど、一時期は、４部練（１日に４回練習する）をやって、その前後、朝に10キロ走って、夜に10キロを走っていたことがある。もちろん、完全にカラダに異常をきたしていた。

その頃は、汗が出ると皮膚が汗に反応してめちゃめちゃボツボツになった。それで皮膚が汗にアレルギー反応を起こすようなことがあって、ストレスで帯状疱疹が出てきたりもしたし、全身から汗が噴き出ると、カラダ中がかゆくなったりもした。

ただ、それを大変だと言っていたら職業的に成り立たないし、自分からすると、そういう経験を一度もせずに強くなった選手がいるのだろうか、と思う。

みんな大なり小なり、理論とか理屈を超えた経験をして、科学的にはあり得ない肉体的な負荷をかけながら強くなっていくような気がする。

それを含め、自分の考えを「覚悟」と呼ぶ人がいたとしたら、自分はこう答える。

自分は、支えてもらっている家族だったり、周りの人になるべく笑顔でいてほしい。

これは嘘偽りなくそう思っている。

それとクソ真面目な話、自分はいつ死んでもいいと思っている。だから、なるべく自分が存在しているうちに周りの人に笑ってほしい。

結果的にどうなるかはわからないけど、自分はたぶんそんなに長生きはしないだろうと思っている。本当に。

だから、なるべく自分の大切な人たちを笑わせて死にたいなと思っている。

それを生き急いでいると言うならそうなのかもしれない。

自分は今、33歳。年齢的には40歳までは現役を続けたいと思っている。

もちろん、その前に怪我をして動けなくなったり、現役を続けることが難しいと判断したりしたら辞めるかもしれないけど、それまではなるべく若い時の動きを維持したいと考えている。

これを読んでどう思うかは人によるだろうけど、自分は、自分一人で生きていても意味はないと思っている。

一人なんてつまらないよ。だったら周りをどれだけ笑顔にできるか。できるだけ笑わせてから死ねれば本望じゃないかな。

自分にはそういうところがある。

装幀　トサカデザイン（戸倉 巌　小酒保子）
写真　小田駿一
フォトレタッチ　兵頭誠（VITA INC.）
構成　大谷泰顕
編集　箕輪厚介　山口奈緒子　木内旭洋

EASY FIGHT

発行日　2023年12月5日　第1刷発行

著者　堀口恭司

発行人　見城徹

編集者　箕輪厚介　山口奈緒子　木内旭洋

発行所　株式会社　幻冬舎
〒151-0051　東京都渋谷区千駄ヶ谷4-9-7
電話　03(5411)6211［編集］
　　　03(5411)6222［営業］
公式HP　https://www.gentosha.co.jp/

印刷・製本所　中央精版印刷株式会社

Printed in Japan　ISBN978-4-344-04204-9 C0075

この本に関するご意見・ご感想は、
下記アンケートフォームからお寄せください。
https://www.gentosha.co.jp/e/